寝台特急

「サンライズ瀬戸・出雲」の旅

旅鉄BOOKS編集部 編

旅鉄 BOOKS PLUS
イカロス出版

CONTENTS

第3章 サンライズエクスプレスの旅……91

初出一覧
●P16～17、P20～23、P122～129、P138～139
『旅と鉄道』2016年1月号「夜行列車の冒険　最終章」
●P18～19
『旅と鉄道』2018年1月号「夜汽車よ、今夜もありがとう」
●P24～35、P92～109
『旅と鉄道』2021年1月号「令和を走る夜行列車」
●P110～121
『旅と鉄道』2024年1月号「寝台特急「サンライズ瀬戸・出雲」の旅」
※本書は上記ページにおいて、『旅と鉄道』に掲載された記事より抜粋し、新規原稿などを加筆したうえで再編集したものを再掲載しています。一部写真ならびに文章において、現在と景観や状況が変化しているスポットがありますのでご留意ください。

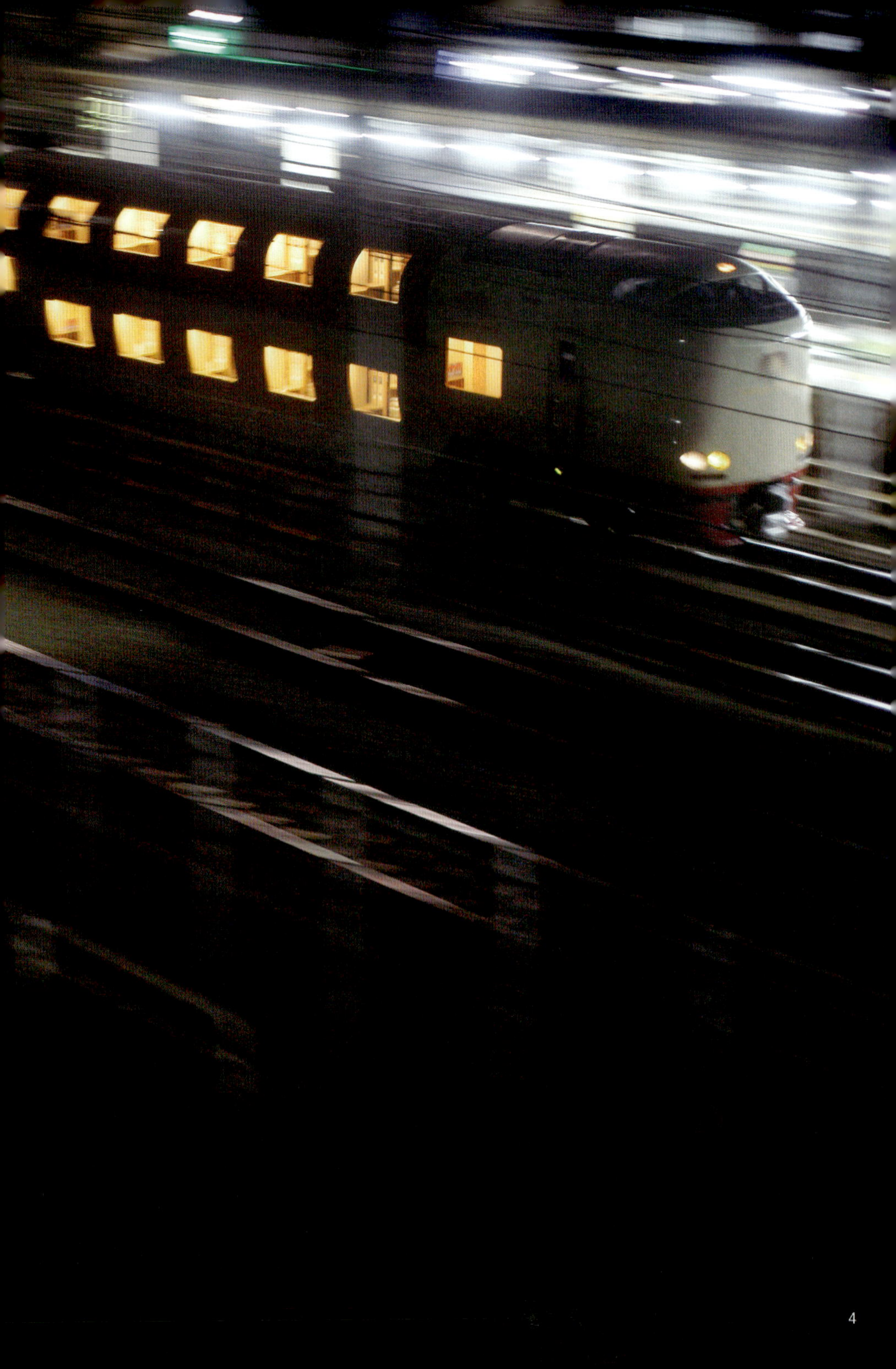

美しき

東京〜大阪

サンライズエクスプレス

part.1

撮影　金盛正樹

田町の車両基地を発し、乗客の待つ東京駅に向かう
回送列車。すべての窓に灯った明かりが美しい
東海道本線　品川〜新橋間

美しき
東京～大阪
サンライズエクスプレス
part.1

山手線や京浜東北線と並行しながら、架線柱が林立する3複線区間を終点の東京駅へラストスパート
東海道本線　品川～新橋間

美しき
東京～大阪
サンライズエクスプレス
part.1

駿河湾の向こうに横たわる早朝の空が、夜通し
走り続けた寝台特急を暖かい光で包み込む
東海道本線　根府川〜早川間

美しき サンライズエクスプレス 東京～大阪 *part.1*

冬の遅い日の出（＝sunrise）を待ちながら、月光（＝
先祖の583系）を背に終着駅目指してひた走る
東海道本線　三島～函南間

美しき　東京～大阪
サンライズエクスプレス
part.1

車窓に映る四季折々の景色が、長旅の乗客たちに潤いを与える。1998年登場以来、20数度季節が廻った
東海道本線　三島～函南間

個室でくつろぎながら独り占めする富士山は格別だ。
夜明けが遅い冬場を除き、春から秋まで楽しめる
東海道本線　沼津〜三島間

美しき
東京〜大阪
サンライズエクスプレス
part.1

第1章

サンライズエクスプレスの世界

個室がメインで料金も比較的リーズナブルとあって
ブルートレインを知らない若い世代や
女性からも人気のサンライズ。
まずは車両編成や、各寝台の特徴などをご案内！

サンライズ瀬戸・出雲

ルートMAP

「サンライズ瀬戸・出雲」の停車駅と時刻をご紹介。
出かける前に最新の時刻表をしっかりチェックしよう。

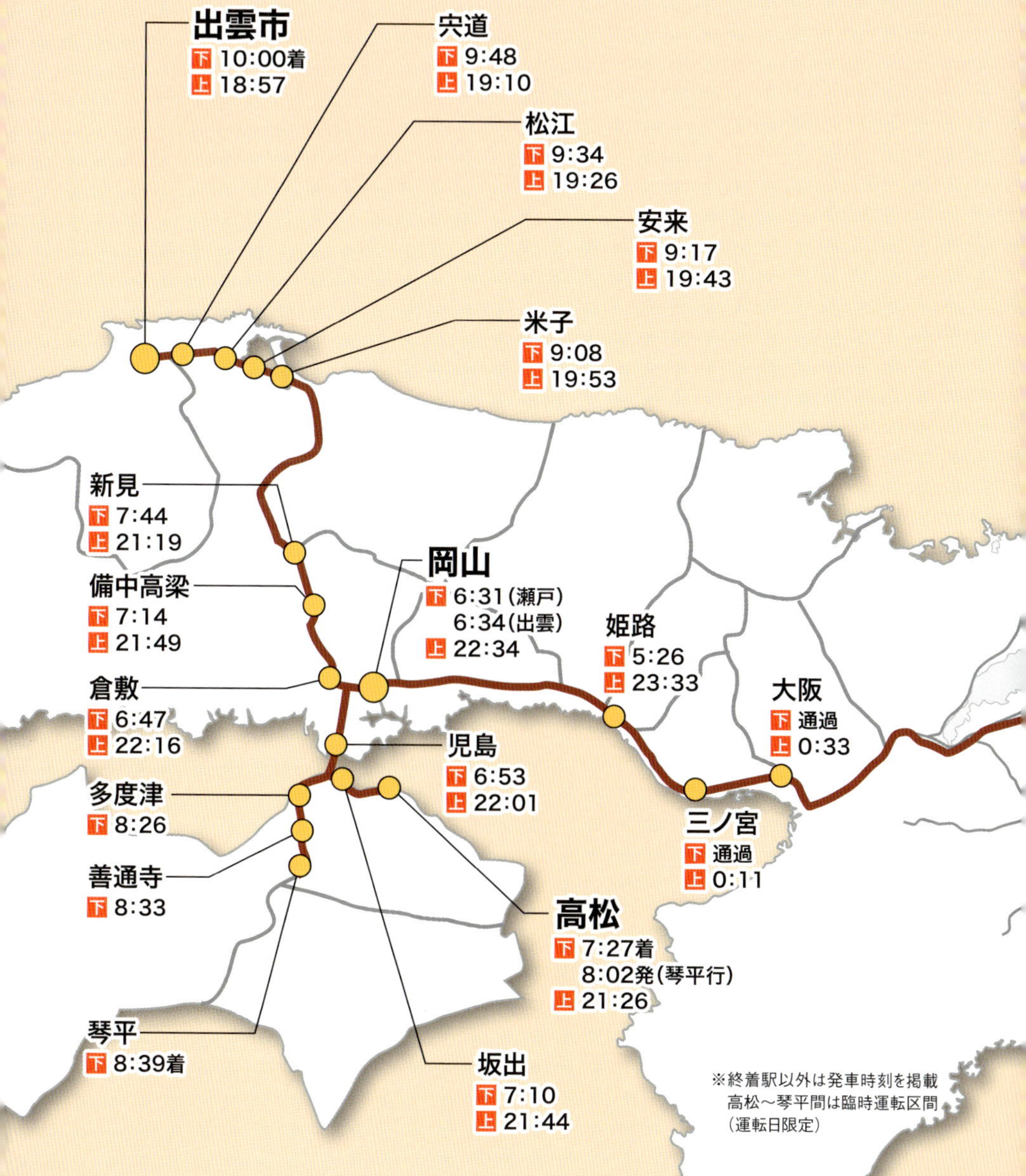

285系電車 サンライズ瀬戸・出雲

編成図

イラスト／江口明男

14号車
クハネ285-0・3000
シングル・シングルツイン

→東京

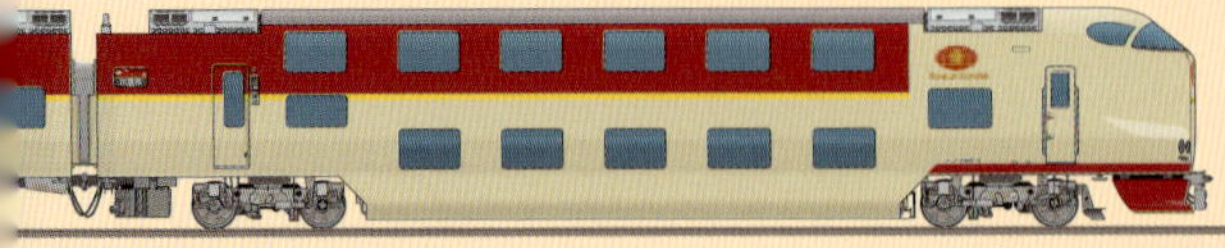

285系
「サンライズ瀬戸」
「サンライズ出雲」
編成表

サンライズ出雲（東京→出雲市） 下り
サンライズ瀬戸（高松→東京） 上り

10号車
モハネ285-0・3000
ソロ・ラウンジ

11号車
サロハネ285-0・3000
シングルデラックス・サンライズツイン

サンライズ出雲（東京→出雲市）
サンライズ瀬戸（高松→東京）

6号車
サハネ285-0・3000
シングル・シングルツイン

7号車
クハネ285-0・3000
シングル・シングルツイン

サンライズ瀬戸（東京→高松）
サンライズ出雲（出雲市→東京）

3号車
モハネ285-0・3000
ソロ・ラウンジ

サンライズ瀬戸（東京→高松）
サンライズ出雲（出雲市→東京）

「サンライズ瀬戸・出雲」の編成を側面から見てみよう。
上り、下りとも進行方向前側は「サンライズ瀬戸」の編成。
スタンダードタイプの「シングル」はほとんどがダブルデッカー、
3・10号車の「ソロ」はシングルデッカーを上下に分けた構造になっている。

12号車
モハネ285-200・3200
ノビノビ座席・シングル

13号車
サハネ285-0・3000
シングル・シングルツイン

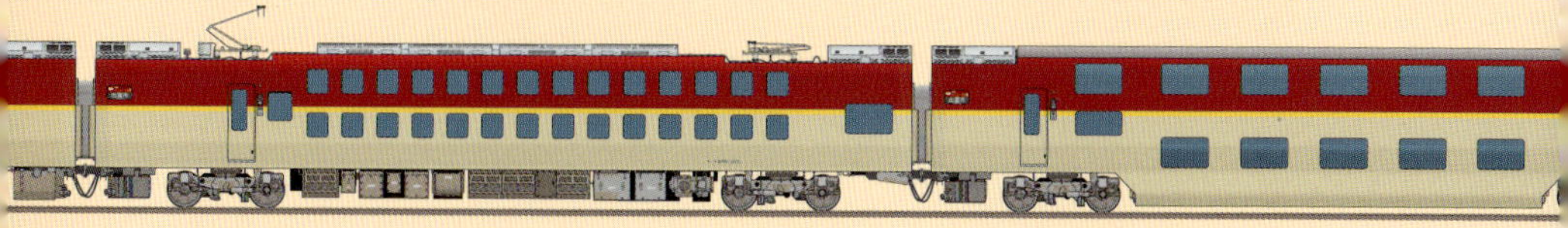

8号車
クハネ285-0・3000
シングル・シングルツイン

9号車
サハネ285-200・3200
シングル・シングルツイン

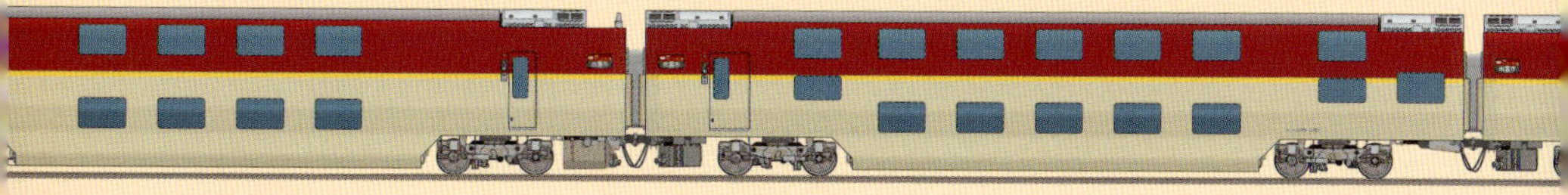

4号車
サロハネ285-0・3000
シングルデラックス・
サンライズツイン

5号車
モハネ285-200・3200
ノビノビ座席・シングル

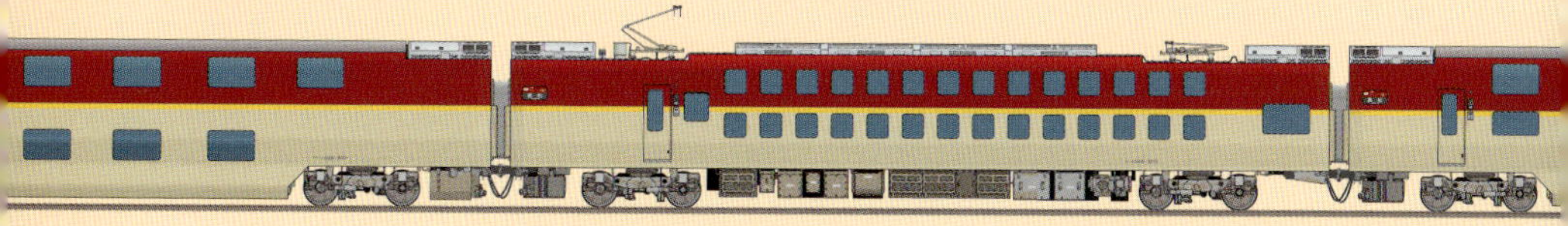

1号車
クハネ285-0・3000
シングル・シングルツイン

2号車
サハネ285-200・3200
シングル・シングルツイン

下り
上り

車内見取図

1～4・8～11号車

クハネ285　シングル・シングルツイン　1・8号車

サハネ285-200　シングル・シングルツイン　2・9号車

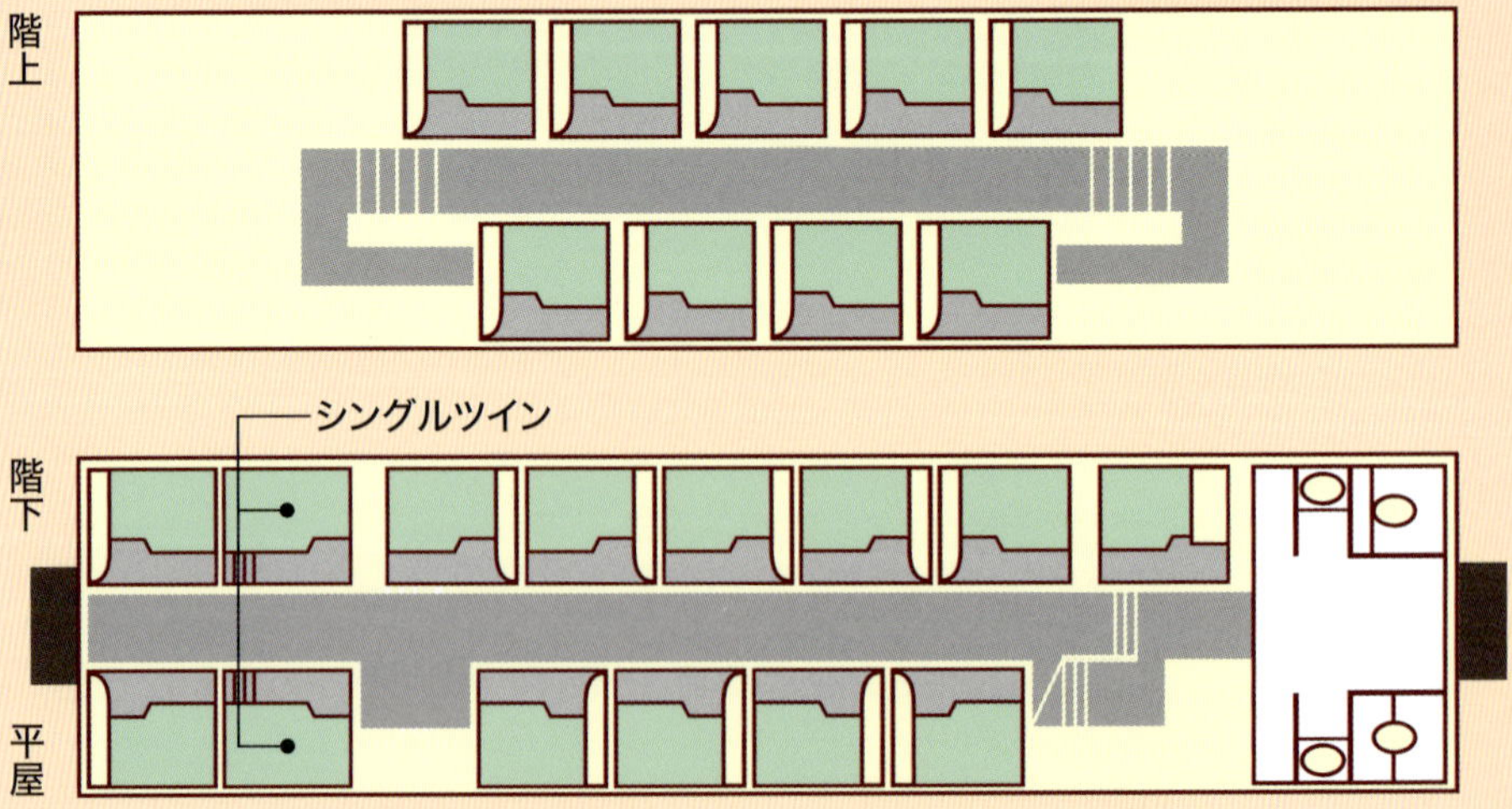

車両ごとの寝台の構成はイラストのようになっている。
もっとも数が多い「シングル」は、
設置場所に応じて「階上」「階下」「平屋」部分の3種類に分かれる。
座席位置にこだわりたいならイラストを参考に指定するといいだろう。

モハネ285　ソロ・ラウンジ　3・10号車

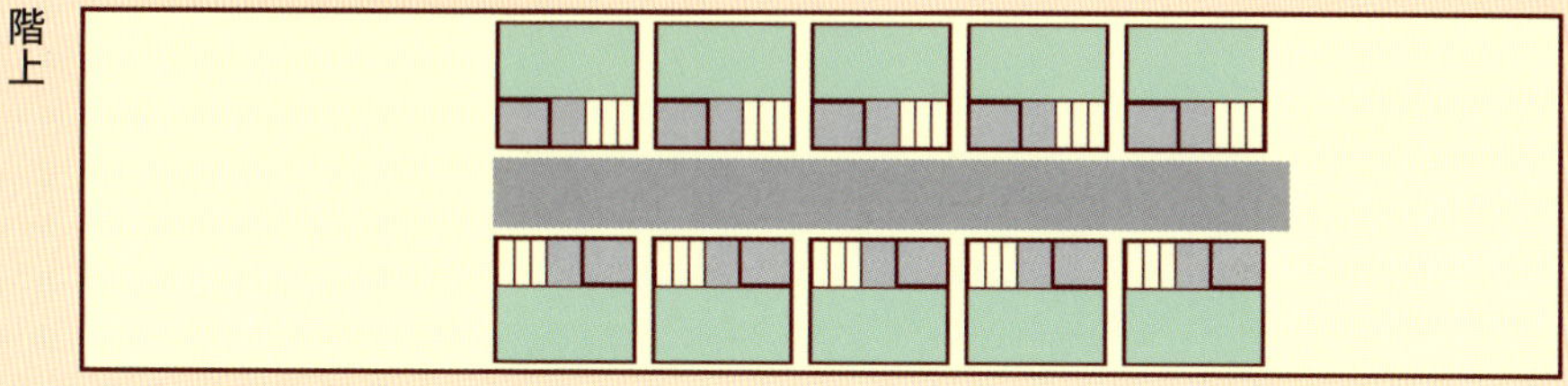

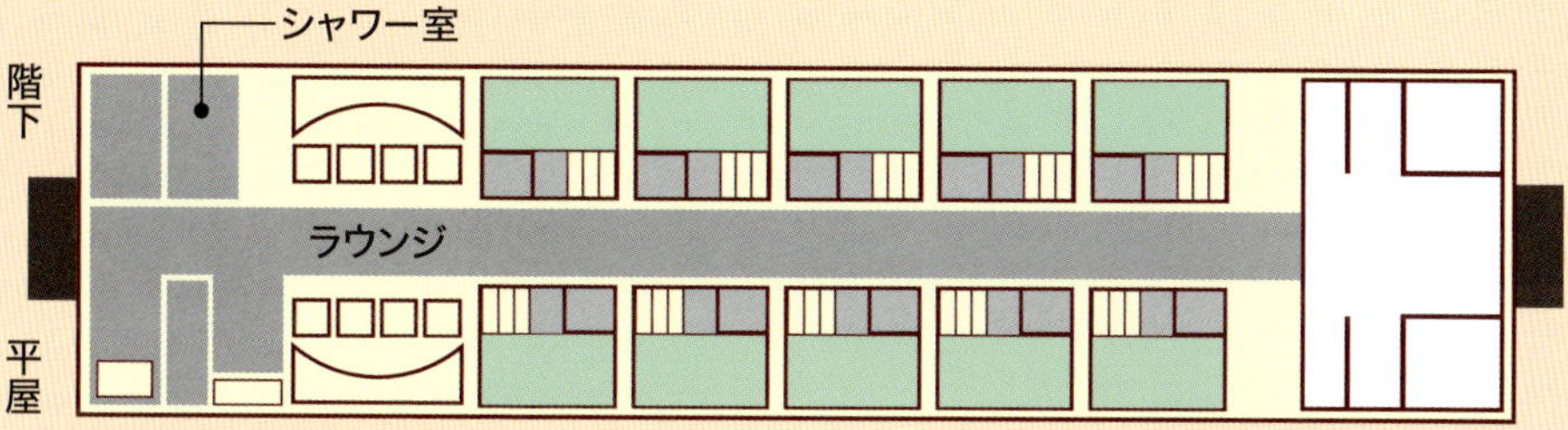

サロハネ285　シングルデラックス（階上）サンライズツイン（階下）　4・11号車

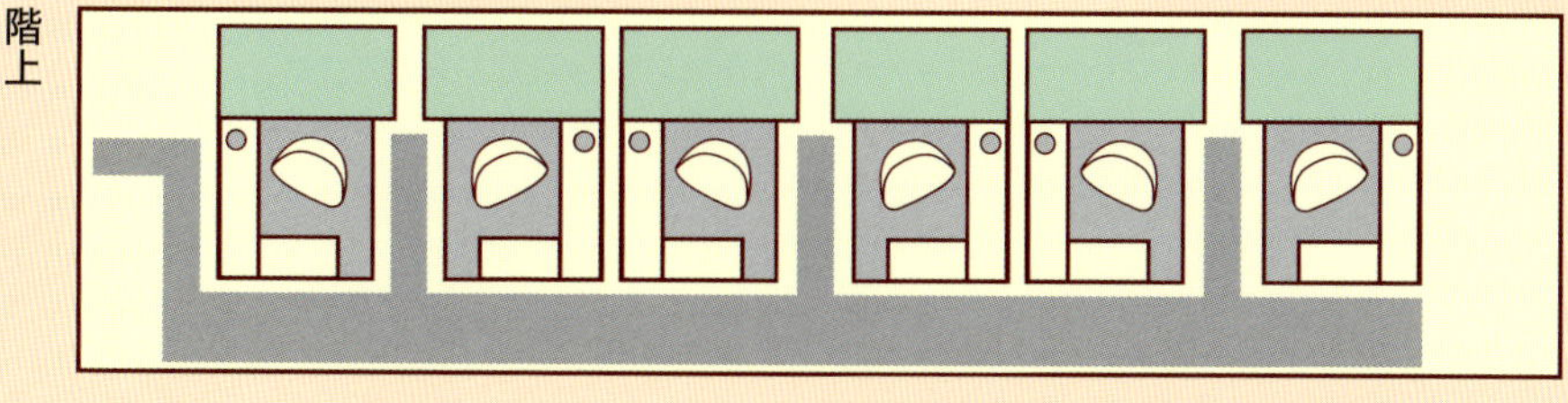

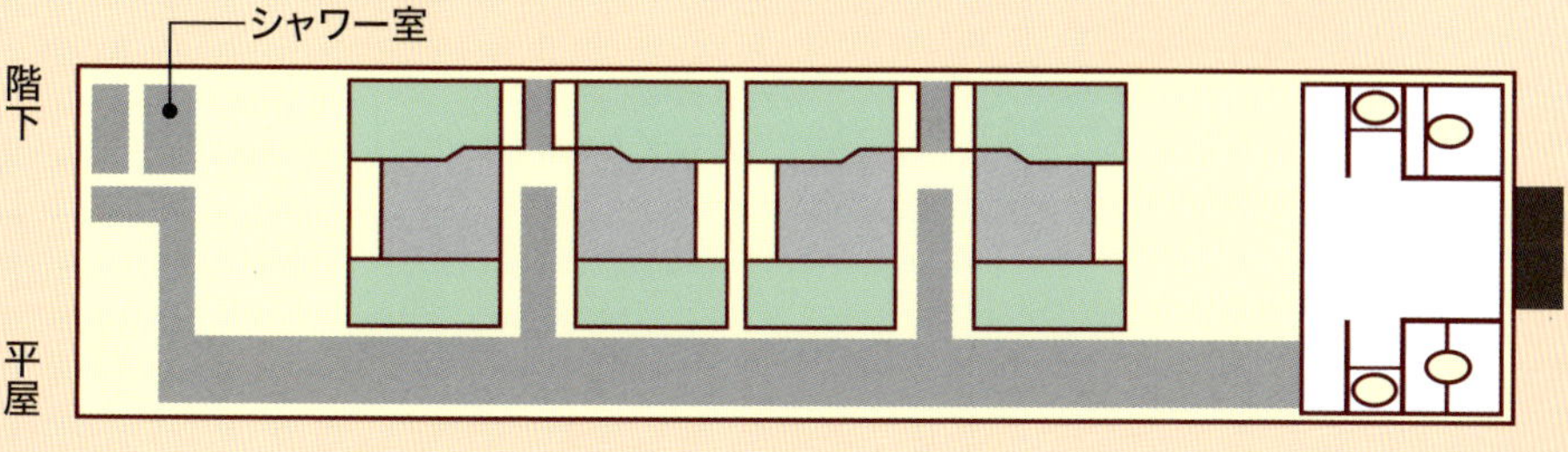

車内見取図

5〜7・12〜14号車

モハネ285-200　ノビノビ座席・シングル

5・12号車

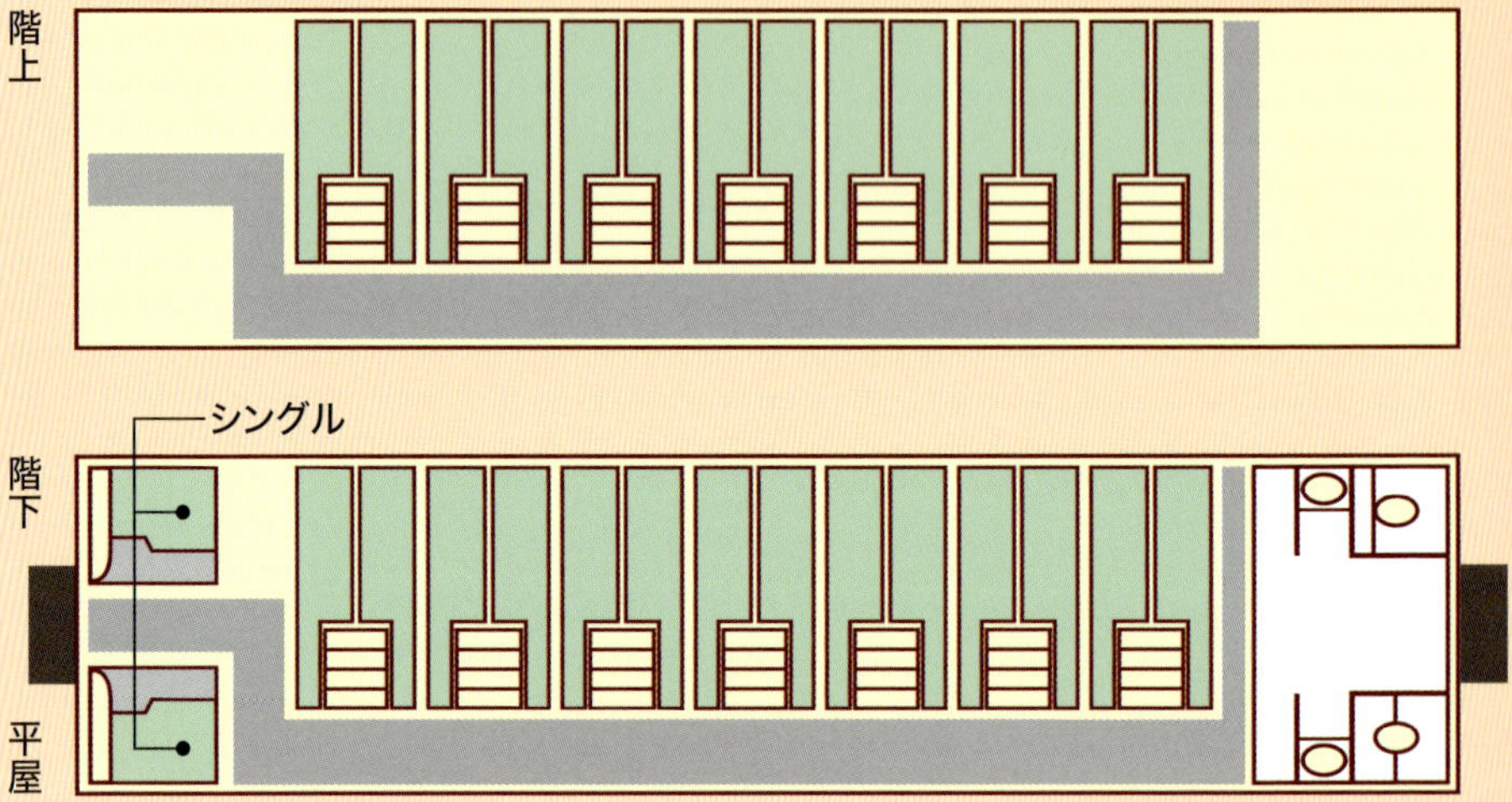

サハネ285　シングル・シングルツイン

6・13号車

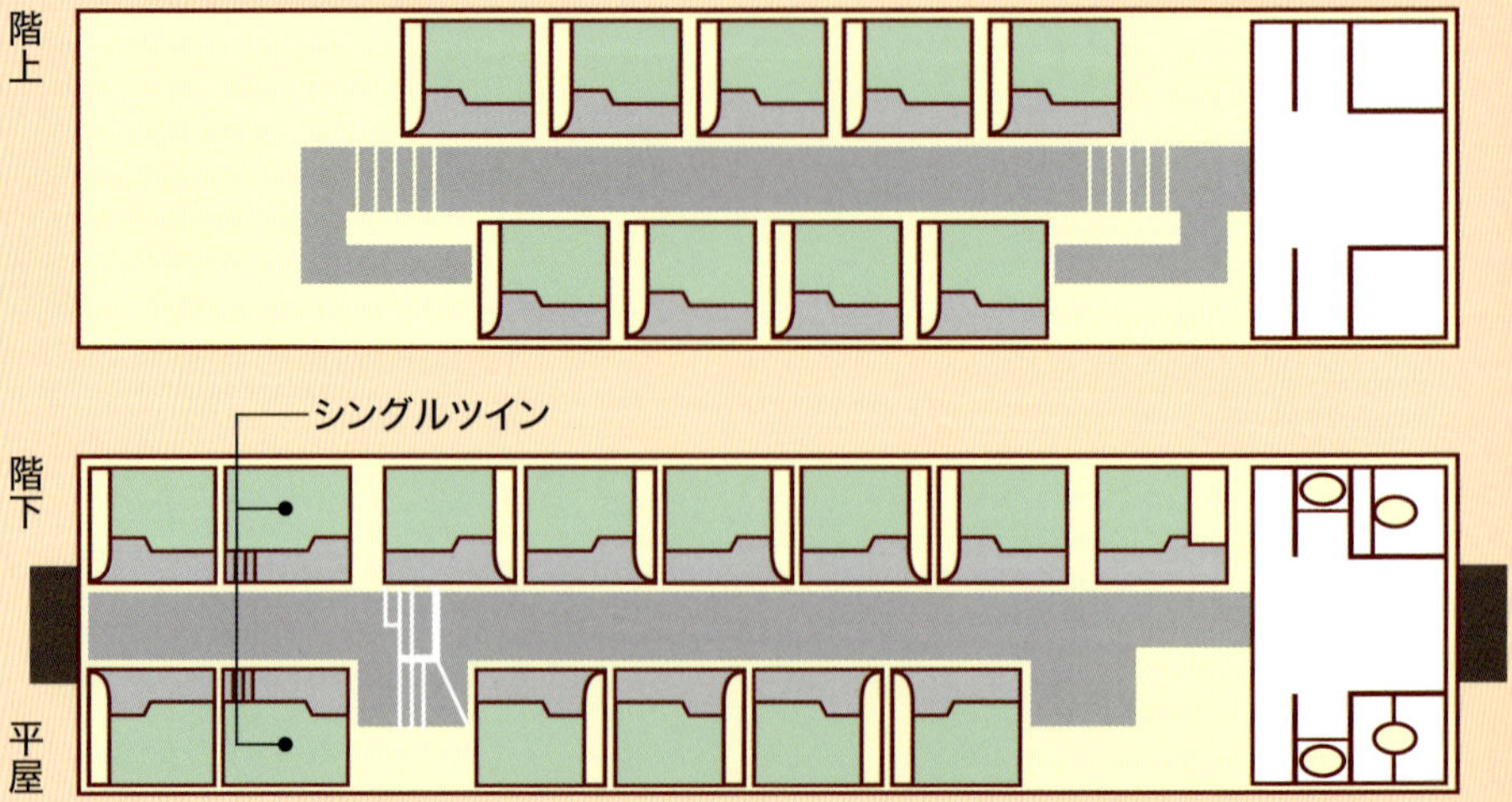

取材協力／西日本旅客鉄道株式会社、東日本旅客鉄道株式会社

【見通し図脚注】
※台車上の基準となる高さを平屋、それより上の上段を階上（いわゆる2階）、下の下段を階下（いわゆる1階）と呼ぶ。

クハネ285　シングル・シングルツイン　7・14号車

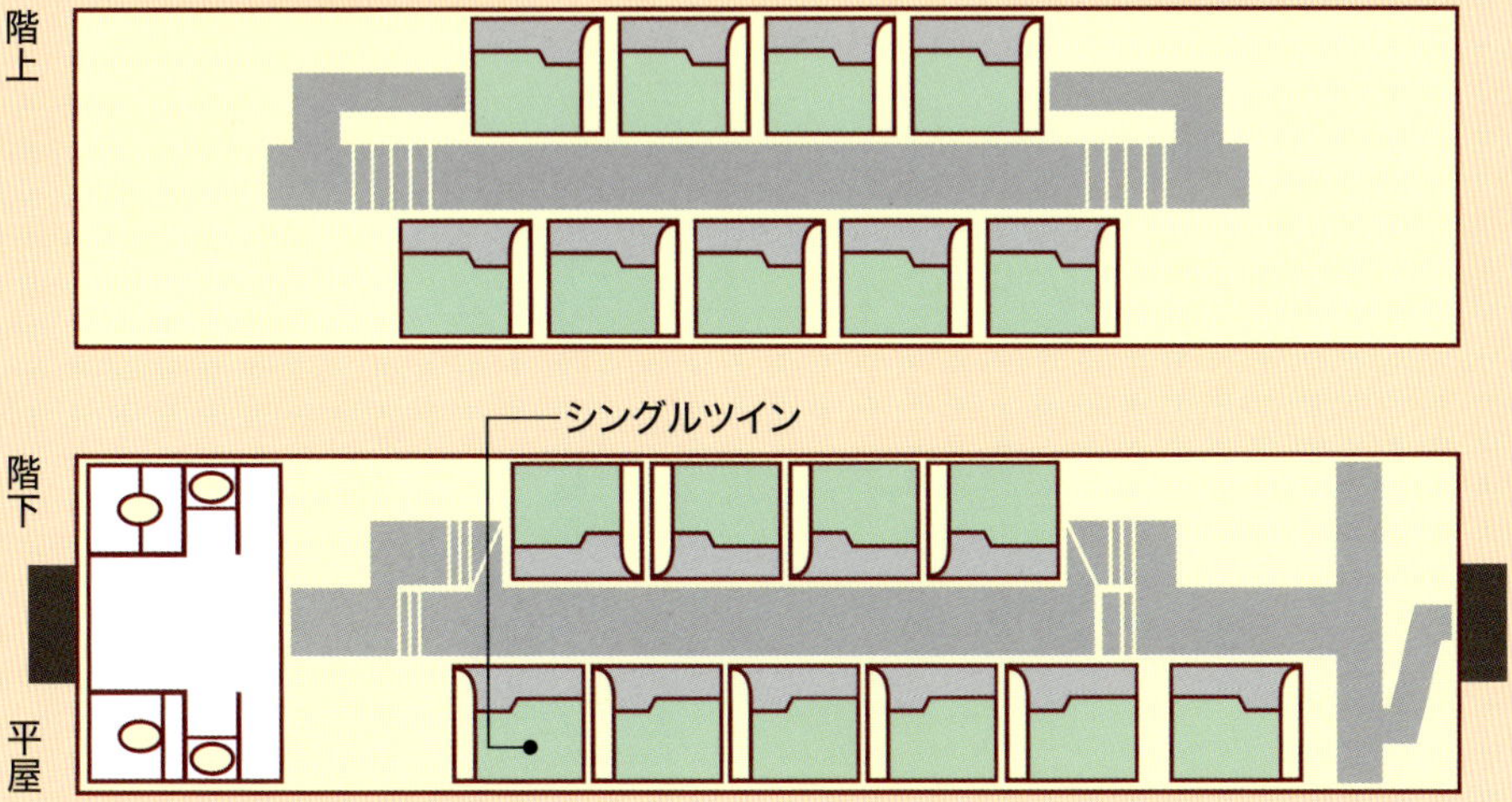

ラウンジ

3・10号車にはラウンジが設けられている。出発後はシャワーを待つ人や、仲間と軽く一献する乗客で賑わう。

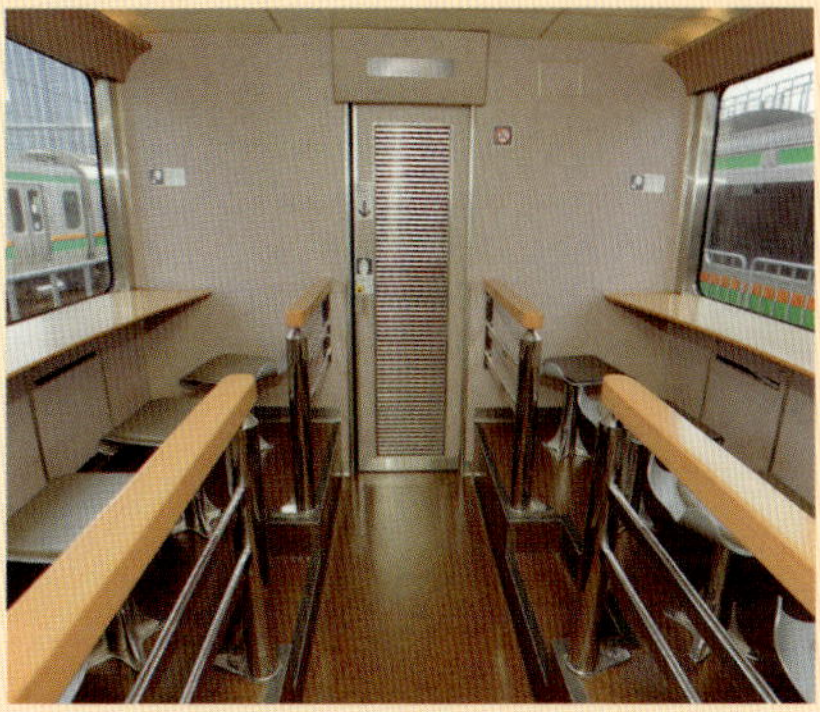

窓向きにテーブルが配され、2段高くなった位置に4脚のイスが設置されている

シャワー室

3・10号車のシャワー室は、ラウンジ隣の券売機でカードを購入すると、のべ6分間お湯が使える。4・11号車のシャワー室はシングルデラックス利用者専用。

ボディソープとシャンプーは用意されている。使用後はシャワールーム洗浄ボタンできれいにできる

サンライズ瀬戸・出雲

寝台ガイド

バリエーション豊かな寝台設備の特徴をイラストとあわせて解説。サンライズ旅の常連たちによる各寝台のオススメポイントも必見！

文／安藤昌季　イラスト／月邸沙夜

4号車
11号車

1人用A寝台個室

シングルデラックス

現役寝台車で唯一のA寝台

6室のみの1人用A個室寝台。階上で眺望がよく、床面積4・6㎡と広い。シャワーカードとアメニティが付属し、車端部のA個室用シャワールームを、途中駅からの乗車でも確実に使える利点がある（共用シャワールームのシャワーカードは始発駅で売り切れることが多い）。

付帯設備は温水・冷水が出る洗面所、長さ134cm、幅39cmのビジネスデスク&チェア、目覚まし時計、横幅45cm、奥行23cm、高さ12cmの枕、羽毛布団、浴衣、靴クリーナー、コントロールパネル（暖房、照明、スピーカーの操作用）、非常ボタン、寝台の頭上に84cm×40cmのテーブル、コンセント（100V15Aで60Hz用。B寝台個室より出力が高い）となる。

寝台幅は85cmで、大人がチェアに腕を逃がせば、子どもとの添い寝が可能。禁煙室と喫煙室があり、隣室が吸わなければ、喫煙室でも煙草臭は少なめ。平均騒音：49・4dB、平均振動：震度0・8（23番個室。数字は目安）。

コンセントは洗面台付近で、延長コードが便利。
扉の幅は63cm

寝台料金
13,980円

285系「サンライズエクスプレス」は、これまで青い車体だった寝台列車のイメージを破る暖色系の配色。「さわやかな朝、1日の始まり」をイメージし、ベージュと赤を基調とし、金帯を巻いている

サンライズ唯一のA寝台。自分へのご褒美旅行にいかがだろうか。シャワーカードの取り合いもなくマイペースで使用できる。全区間乗車して少しでも長く乗っていたい。

（『JTB時刻表』元編集長　木村嘉男）


机、椅子、洗面台、専用アメニティがあり快適そのもの。専用のシャワーカードももらえる。食べ物や飲み物を机に広げれば、宴会気分を味わえ、旅に出る楽しさが高まる。

（週末旅行家　八田裕之）

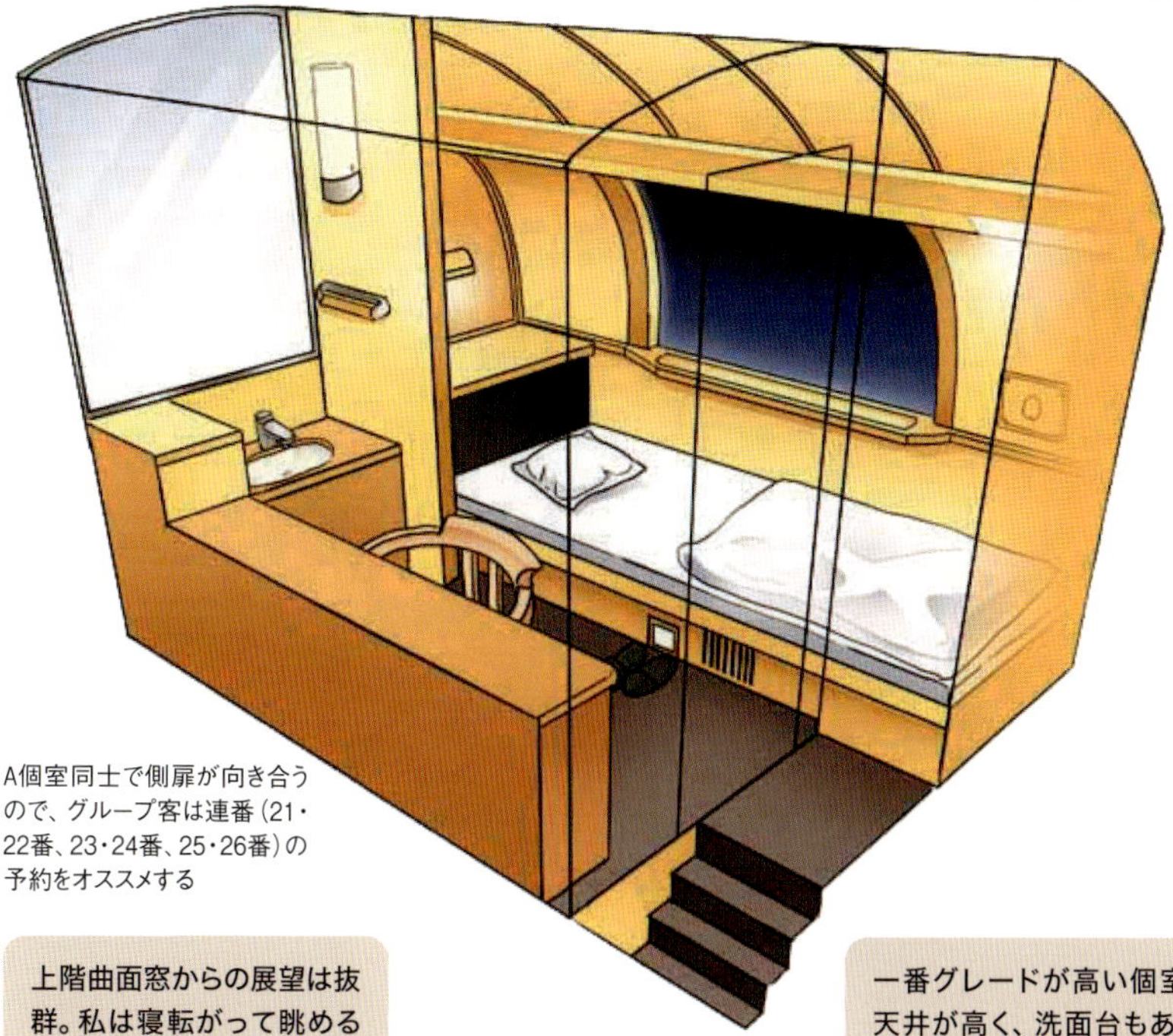

A個室同士で側扉が向き合うので、グループ客は連番（21・22番、23・24番、25・26番）の予約をオススメする

上階曲面窓からの展望は抜群。私は寝転がって眺める夜空にグッときます。シャワー室はA個室客共用ですが、混雑していたことはありません。

（乗り物探訪記者　植村 誠）


一番グレードが高い個室。天井が高く、洗面台もあります。コンセントは机の横にあり、充電しながらパソコンが使えるのが便利です。ここはまさにホテル。

（漫画家&文筆家　やすこーん）

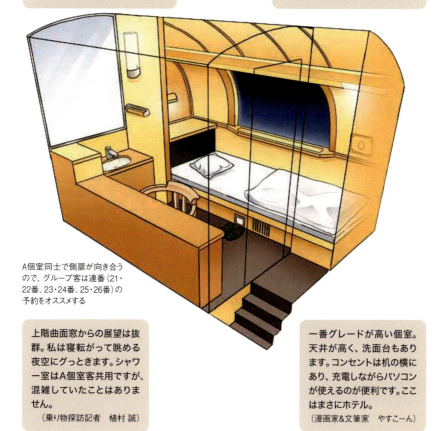

1号車・2号車
5号車・6号車
7号車・8号車
9号車・12号車
13号車・14号車

1人用B寝台個室

シングル

平屋・階上・階下の3タイプ

80室と最も数が多い個室。2階建て部分の「階上」「階下」と「平屋」部分に分かれる。

レール方向に寝台を備え、出入り口付近に最大幅30cmのテーブル、入口付近に100V2A 60Hzのコンセントが備わる。コントロールパネルで暖房、目覚まし時計、室内等、非常ボタンの操作が可能。枕、浴衣、毛布が付く寝台は幅が入口で60cm、それ以外は70cm。寝台横に荷物置場を備えるが「階上」が25・5cm、「平屋」24cm、「階下」が14cmと差があり、個室幅も「階上」が広い。

屋根高さは「階上」「階下」184cmに対し「平屋」は210cmで解放感が違うが、台車上で揺れは大きい(平均騒音57・3dB、平均震度1・5。5・12号車は電動車で、60・5dB、震度1・9と騒音振動が大きい)。

「階上」室は眺望に優れ、室内が広い。平均騒音は54・6dB、平均震度1・2、「階下」室は狭いが、騒音53・7dB、震度0・9と、最も静かである(騒音・振動は条件次第なので、目安)。

横幅118×58・5cmの側窓で眺望は良好。
個室扉の幅は63・5cm

寝台料金
7,700円

上段で星空を眺めるもよし、落ち着いた下段を選ぶもよし、ちょっと揺れるけど広くて快適な平屋室を取るもよし。平屋は583系のパン下ほどのお得感はありません。

（シンガーソングライター　オオゼキタク）


ベッド幅はソロと変わらないが、足元はシングルの方がゆったり。天井高もシングルは十分にあるが、ソロは室内で立つのが困難。ゆったり乗りたければシングルを。

（写真家　金盛正樹）

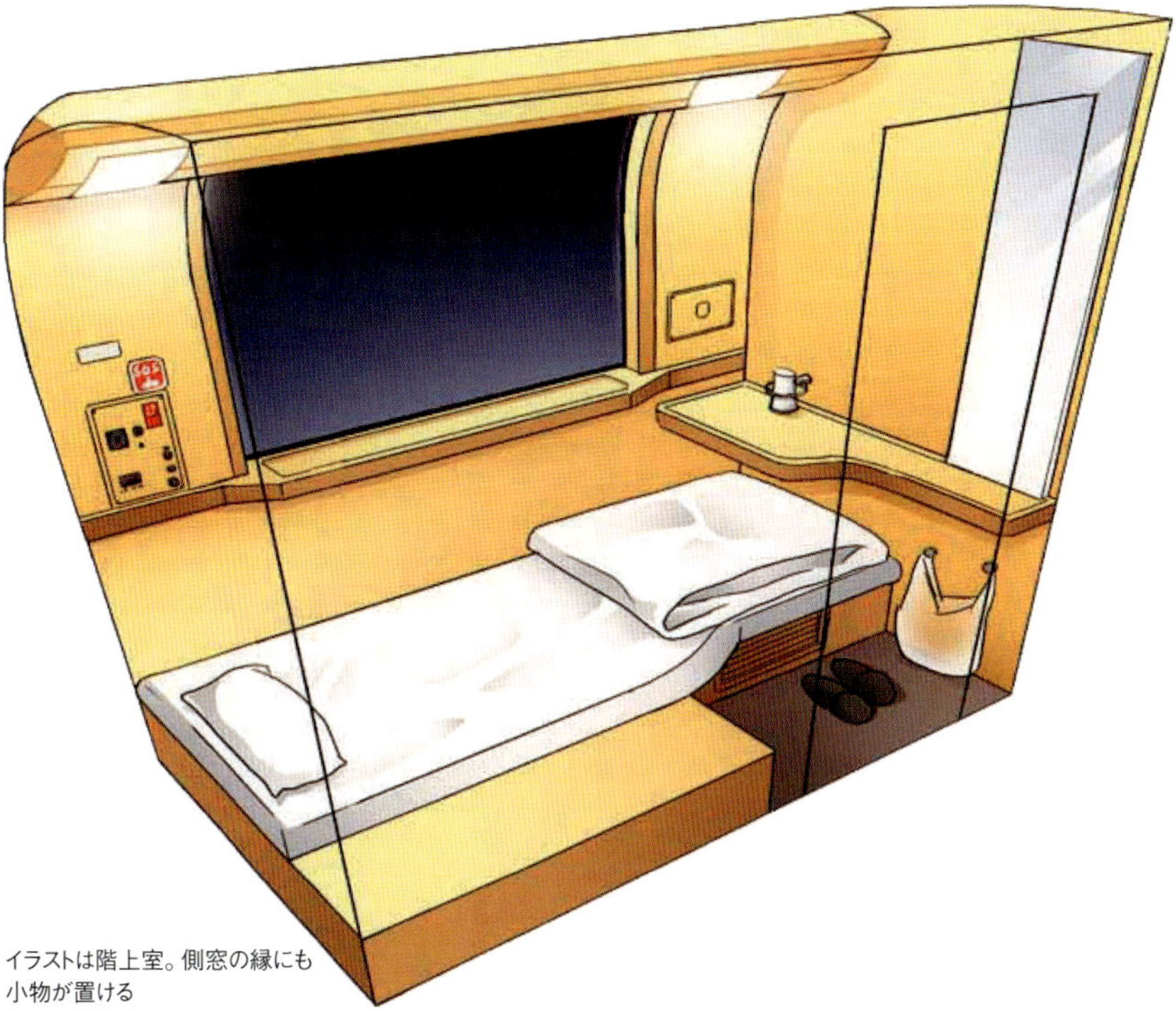

イラストは階上室。側窓の縁にも小物が置ける

座席はなく、ベッドに腰かけるかベッド上で過ごす。上段の窓は天井までカーブしていて、寝転がっても空が見えるのでオススメ。施錠できるのは女性にとってとても安心。

（俳優・ライター・旅人　谷口礼子）


自分だけの特等席。ほどよい狭さの個室がジャストサイズで落ち着く。部屋を真っ暗にすると、真夜中の街の灯りを独り占めできた。

（鉄旅タレント　伊藤桃）


初めて乗るならまずこちらの2階個室がおすすめです。朝方、「サンライズ瀬戸」なら海側に瀬戸大橋の海景色が、「サンライズ出雲」なら山側に宍道湖が見えます。

（漫画家&文筆家　やすこーん）

3号車
10号車

ソロ

1人用B寝台個室

最も寝台料金が安い個室寝台

20室設けられた1人用B個室寝台。「平屋」室と「階上」室が存在し、レール方向で枕、浴衣、毛布が付く寝台、暖房、目覚まし時計、室内等、非常ボタンの操作が可能なパネル、100V2A60Hzのコンセントを設置。

室内構成は別物で「平屋」は扉幅53cm、床面に段差はなく、入口の天井高さ184cmだが、寝台から天井の高さは101cmと低いので、入口のみ直立可能。

寝台は狭い所で56cm、大半が70cmだ。平均騒音は53・6dB、平均震度1・5。「平屋」は電動車のモーター音が聞こえる。

「階上」は扉幅50cm、入口の天井高さが235cmで、大きな荷物が置ける。寝台までは階段を上る。寝台から天井までは104cmとかなり低い。

寝台幅は70→62→56cmと狭くなり、大半が62cmで「平屋」より狭いが、長さ50cm、奥行25cm、高さ30cmの荷物置場もあり、眺望もいい。平均騒音は51・3dB、平均震度1・2で、「平屋」より静かである。

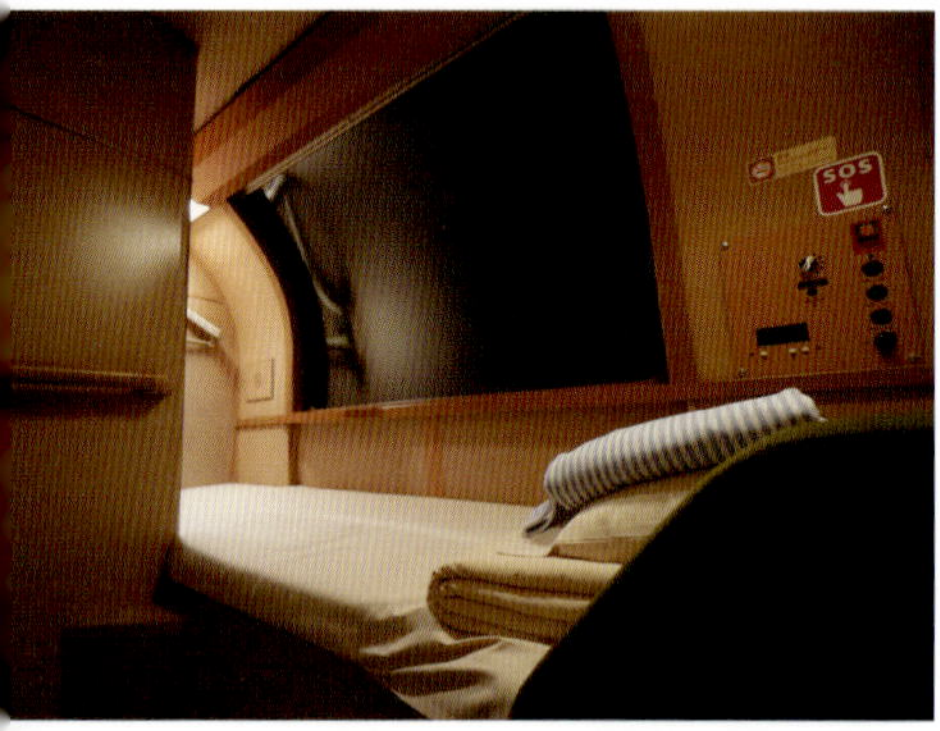

上段室のコンセントは頭の近くで使いやすいが、出入りは大変

寝台料金
6,600円

「ソロ」に隣接してラウンジがあり、フリースペースとして開放されている

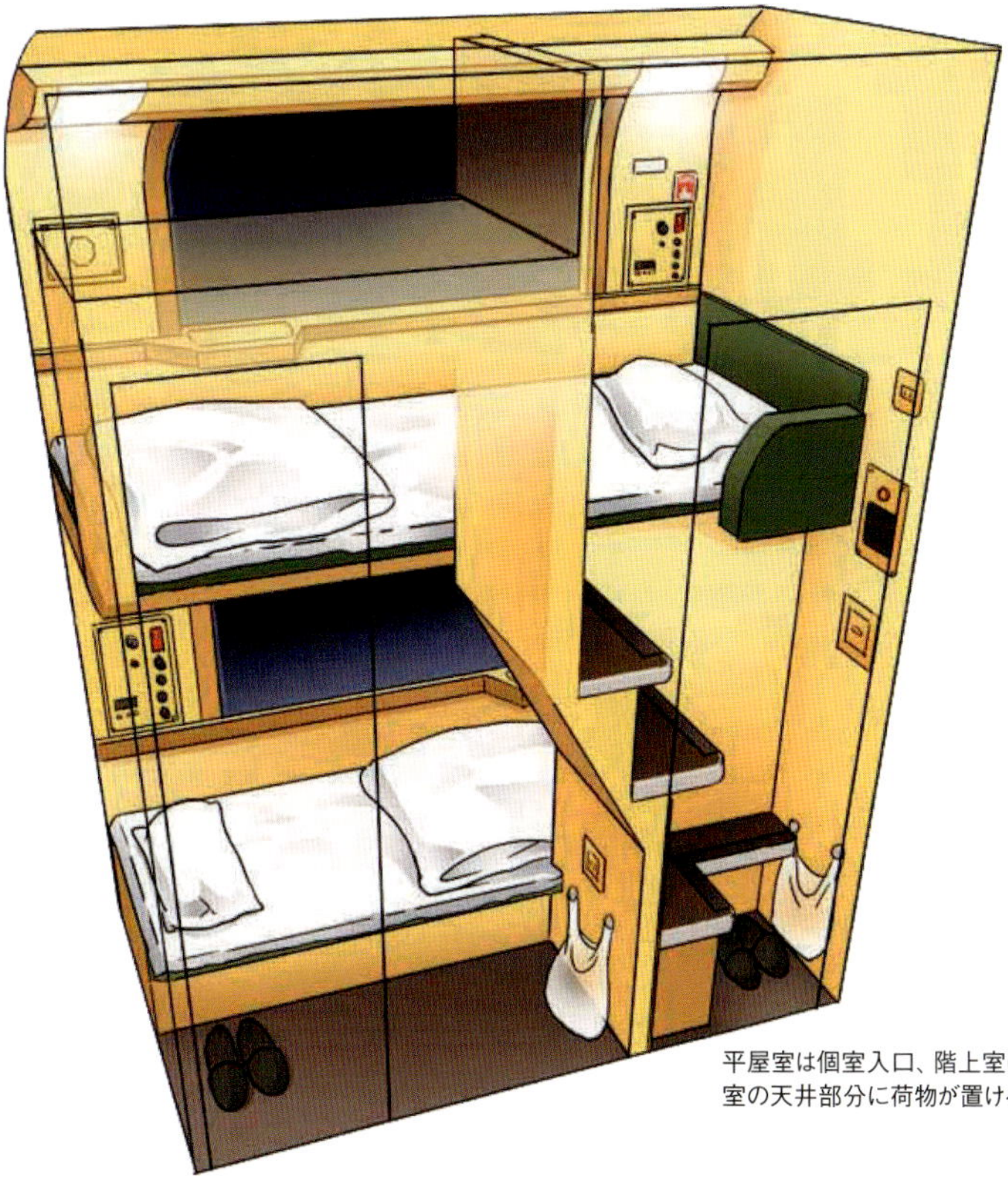

平屋室は個室入口、階上室は平屋室の天井部分に荷物が置ける

施錠できる個室のなかで最安値。狭いので身体の大きな男性には窮屈かも。荷物を置くスペースがベッド上になるので荷物が少ない旅ならオススメ。秘密基地気分が味わえる

（俳優・ライター・旅人　谷口礼子）

一番安い1人用個室。狭いが2階であれば荷物置き場もあり快適。電動車のため振動が強めなことに注意。1階は眺望も悪く荷物置き場が無いので、2階が取れなければ「シングル」をすすめる。

（週末旅行家　八田裕之）

安く鍵付き個室を利用したいならここ。ただし狭いので、荷物が多い人にはおすすめしません。ご飯を食べる時は、ラウンジなどに移動するとよいでしょう。

（漫画家&文筆家　やすこーん）

4号車
11号車

2人用B寝台個室

サンライズツイン

最も人気がある2人用個室

4室のみでかつ、希少な2人用のため、一番人気の個室。販売開始と同時に売り切れることも多い。個室は階段を4段降りた下にあり、扉の幅は62㎝。入口の横に幅58×奥行22㎝の荷物置場があり、ハンガーも設置。通路側の寝台横に高さ45㎝、横幅77㎝、奥行35・4㎝の荷物置場もあり、収納力は大き目(子どもと添い寝するなら、荷物置場に腕を逃がせる通路側寝台がオススメ)。

寝台幅は62〜77㎝で、枕、毛布、浴衣が備わる。寝台の頭上のパネルで暖房、目覚まし時計、室内灯、非常ボタンの操作が可能。ここには100V2A60Hzのコンセントと、36×30㎝のテーブル、喫煙室では灰皿が備わる。

天井高さは184・5㎝で直立可能。床面積は3・8㎡と広く、解放感があり、窓も118×74㎝と大きいが、階下なので、眺望はあまり楽しめない。

平均騒音は47・7dB、平均震度は1・5。なおテーブルが小さいため、飲食は隣の車両にあるミニラウンジに移動した方がいい。

ホテルのツインルームのような室内で、
2人旅なら最上の個室

寝台料金(1部屋)
15,400円

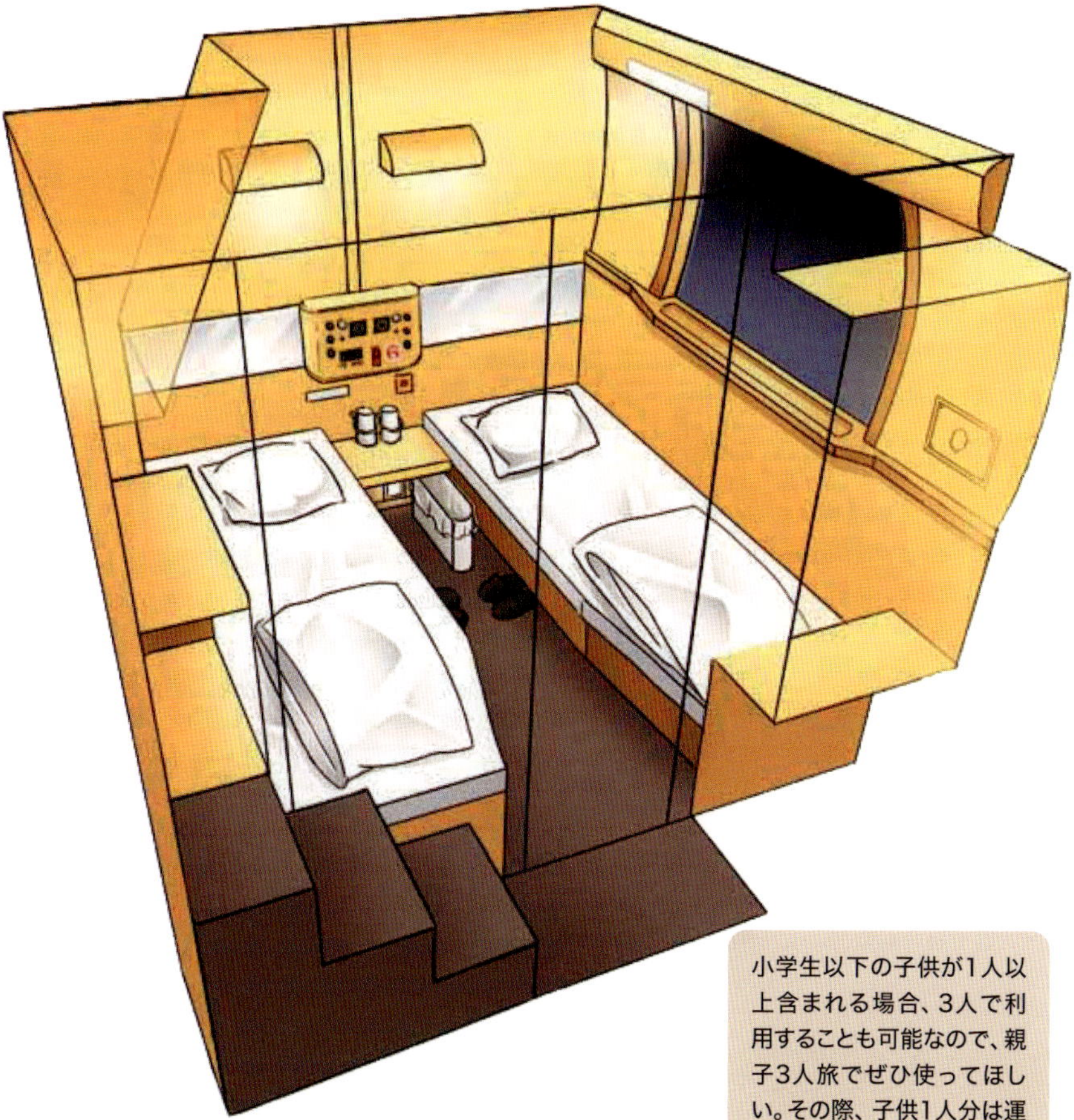

階段の下に押し扉があるので、
プライベート感がある

小学生以下の子供が1人以上含まれる場合、3人で利用することも可能なので、親子3人旅でぜひ使ってほしい。その際、子供1人分は運賃と特急料金だけで、寝台料金は不要だ。

（写真家　金盛正樹）


穴倉のような構造で気の合った二人の隠れ家といった印象。車窓を眺めるには難がありますが、仲良し同士なら問題ないでしょう。

（乗り物探訪記者　植村 誠）


ベッドが横に並んでいるのでカップルや親しい二人連れに最適。部屋数が少ない（出雲・瀬戸にそれぞれ4室のみ）ので確保は困難なことも。1階なので眺望は良くない。（週末旅行家　八田裕之）

2人でおしゃべりしながら過ごしたいならこちら。部屋はすべて1階なので、シェードを閉めるのを忘れると丸見えになります。天井は高く、歩き回れます。

（漫画家&文筆家　やすこーん）

1号車・2号車
6号車・7号車
8号車・9号車
13号車・14号車

1人用B寝台個室

シングルツイン

付属寝具は他のB寝台と同等。車端部なので平均騒音58・5dB、平均震度1・7と、やや揺れが大きい。

補助寝台で2人利用可能

8室存在する個室で、1室は車いす対応個室。1人用だが、補助寝台利用で2人利用も可能。

個室扉は横幅71㎝、個室サイズは「シングル」とほぼ同じ幅98×長さ195㎝だが、屋根高さは236㎝以上あり、高さを活かして折りたたみ式補助寝台が備わる。寝台幅は下段が61～70㎝、上段が59・7×69・5㎝で、スペースは下段、騒音の小ささは上段が勝る。特に夜間の上段から見る夜景は素晴らしい。

下段寝台は中間部分を取り外して立てかけると背もたれになるので、昼間時の居住性は良好。こうすると、26・8×36・5㎝のテーブルも展開できる。荷物置場は階段の一部と、中央通路の上に36・3×69・8㎝のスペースがあり、荷物は置きやすい。

階段に100V2A60Hzのコンセントがあるが、上段寝台では延長ケーブルが確実に必要だ。パネルの操作部分や

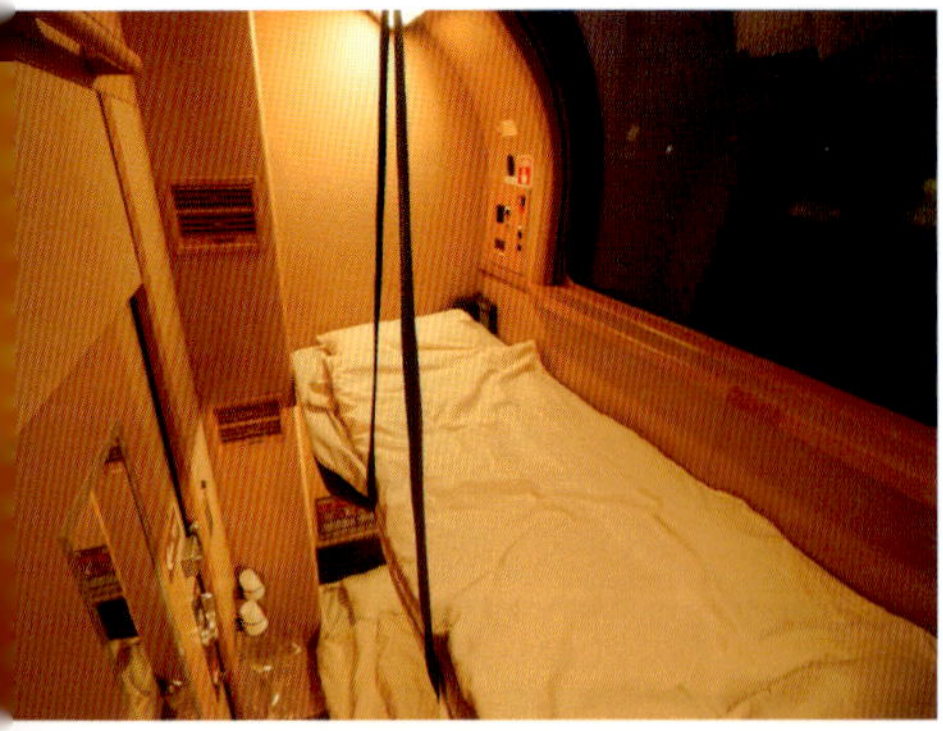

補助寝台展開時は2段寝台に。上段寝台からの見晴らしは最高だ

寝台料金
9,600円
(補助ベッド利用は別途5,500円)

一番カスタマイズが面白い部屋かもしれません。2段ベッドで二人利用してもいいし、荷物を置いたり、椅子にしてみたり、乗る人らしさが出る部屋かも。

（シンガーソングライター　オオゼキタク）


2人で利用するなら、1階のベッドをソファにして、リビングのようにしておしゃべりしつつ楽しむのがおすすめ。

（漫画家&文筆家　やすこーん）

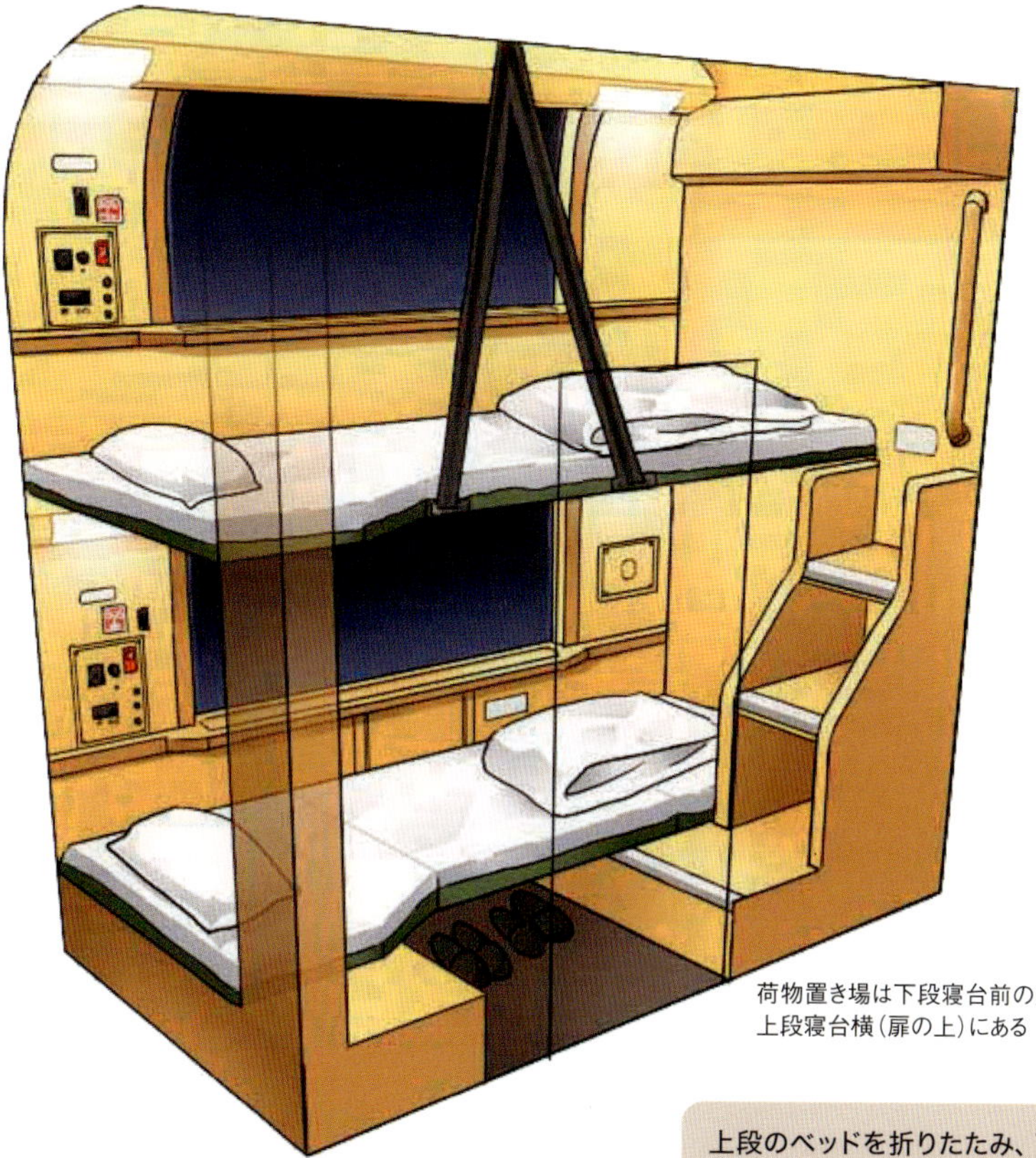

荷物置き場は下段寝台前の床と、上段寝台横（扉の上）にある

部屋の広さはまずまず。2人で利用するならサンライズツインよりこちらの方がおススメ。部屋数が少ないので早めの確保を心がけたい。

（『JTB時刻表』元編集長　木村嘉男）


上段のベッドを折りたたみ、下段のシーツを外し座席にすると向かい合わせで座ることができ、長距離夜行列車感が出る。コンセントが一つしかないので電源タップが必須。

（俳優・ライター・旅人　谷口礼子）

5号車
12号車

普通車指定席

ノビノビ座席

横になれる普通車指定席

28席設定されている普通車指定席。「座席」と言ってもカーペット敷きの区画で、横になって寝台料金なしで移動できる。

隣席との間にカーテンはなく、側窓に近い部分のみ仕切りが設けられている構造で、プライバシーの確保は限定的となる。

1区画の大きさは、長さ207㎝、幅82㎝、高さ96㎝で、枕木方向に並んでいる。設備は小テーブルとドリンクホルダー、コップ、個別照明である。

また、毛布と枕カバーが付属するので、洋服などに枕カバーをかけ、毛布を被るか、毛布を床に敷いて（カーペットはかなり硬い）、布団代わりに服を羽織るスタイル。

上段は平均騒音55・5dB、平均震度2・5、下段は平均騒音58・4dB、平均震度1・7。上段は揺れが大きく、下段はモーター音が響いてくる。両端の席は個室感があっていい。

コンセントは1A、4A、7B席付近の壁面に3カ所備わるが、個別には備わらない。

カーテンは通路側のみ。深夜は減光されるが真っ暗にはならない

普通車指定席
530円（通常期）
※寝台料金は不要

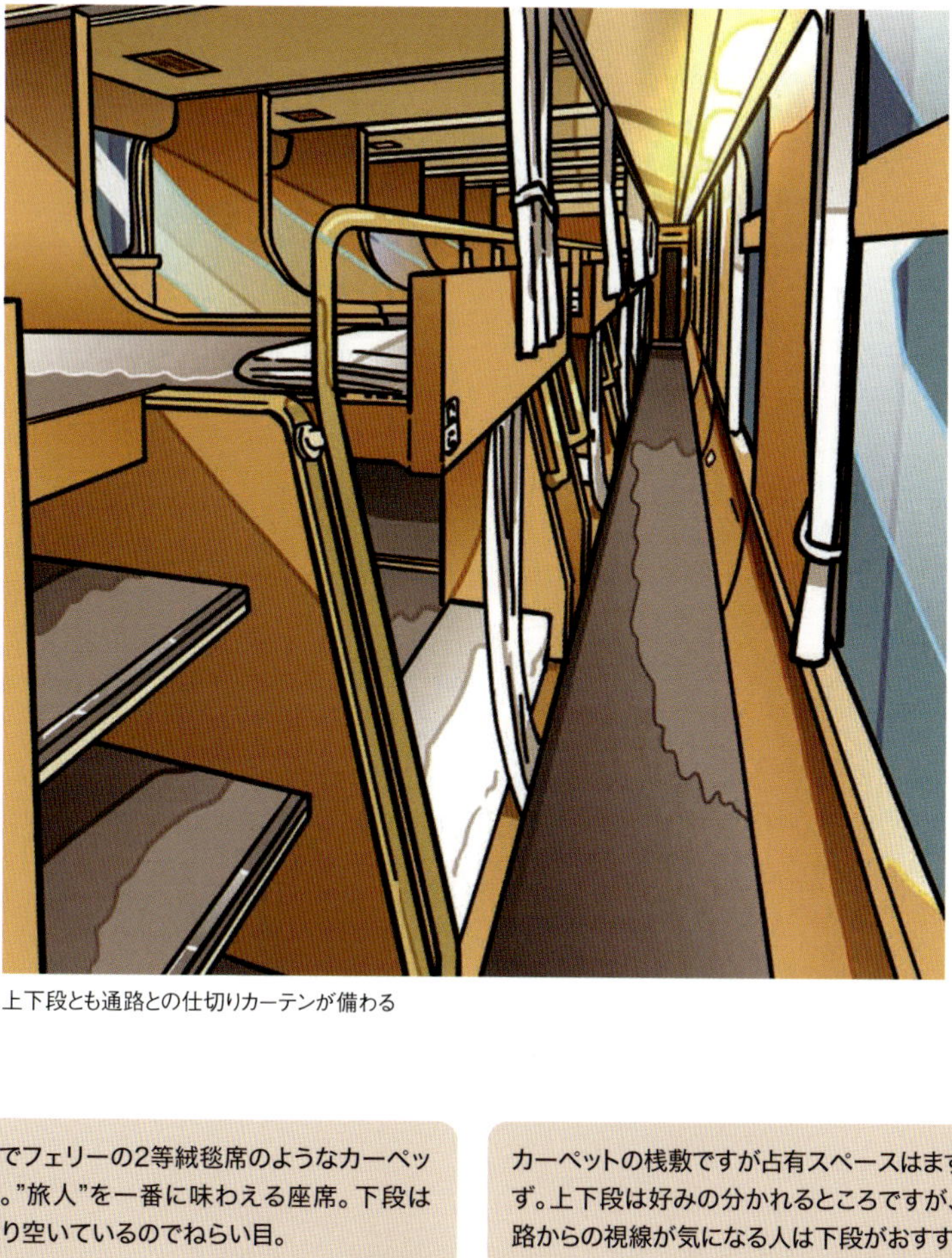

上下段とも通路との仕切りカーテンが備わる

まるでフェリーの2等絨毯席のようなカーペット席。"旅人"を一番に味わえる座席。下段はかなり空いているのでねらい目。

（鉄旅タレント　伊藤桃）

カーペットの桟敷ですが占有スペースはまずまず。上下段は好みの分かれるところですが、通路からの視線が気になる人は下段がおすすめ。

（乗り物探訪記者　植村 誠）

指定席特急料金のみで寝台料金が不要なのが魅力。出雲市から乗り、岡山で降りていく人を見かけたときは、なるほどそんな使い方があるのかと感心した。何しろゴロ寝で移動できるのだ。

（週末旅行家　八田裕之）

頭の部分に衝立があるだけですが十分快適な居心地。真っ先に埋まっちゃいますが、できれば角をとりたいですね。穴蔵感のある下段が好きかも。

（シンガーソングライター　オオゼキタク）

SUNRISE EXPRESS COLUMN

きっぷの確保は“素早く、粘り強く”がポイント！

文／植村 誠

「サンライズ」の人気は高く、乗車1カ月前10時からの発売直後に売り切れてしまうことも……。そのため、まずは発売日の窓口に一番乗りしたいところだ。ネット予約も可能で、e5489で寝台券・指定券が購入できるが、えきねっとではノビノビ座席限定となっている。なお、切符の受け取り窓口・券売機は予約サイトによって会社が異なるので要注意。

買い逃した場合はキャンセル狙いとなるが、意外と出物に遭遇できるケースも多い。傾向としては、キャンセル料が上がる2日前のほか10日前前後に入手できるケースがあるが、当日にもチャンスがあるので最後まで諦めないことが肝要だ。

サンライズ常連に聞いた！ きっぷ予約のコツ

初めてなら、みどりの窓口に行くのがいいでしょう。金曜夜出発は大人気なので、あまり個室の詳細を指定しすぎると取れない場合があるので注意です

（漫画家＆文筆家　やすこーん）

あっという間に満席になってしまうイメージが強いサンライズだが、当日乗車すると案外空席が目立つので、直前トライもおすすめ

（鉄旅タレント　伊藤桃）

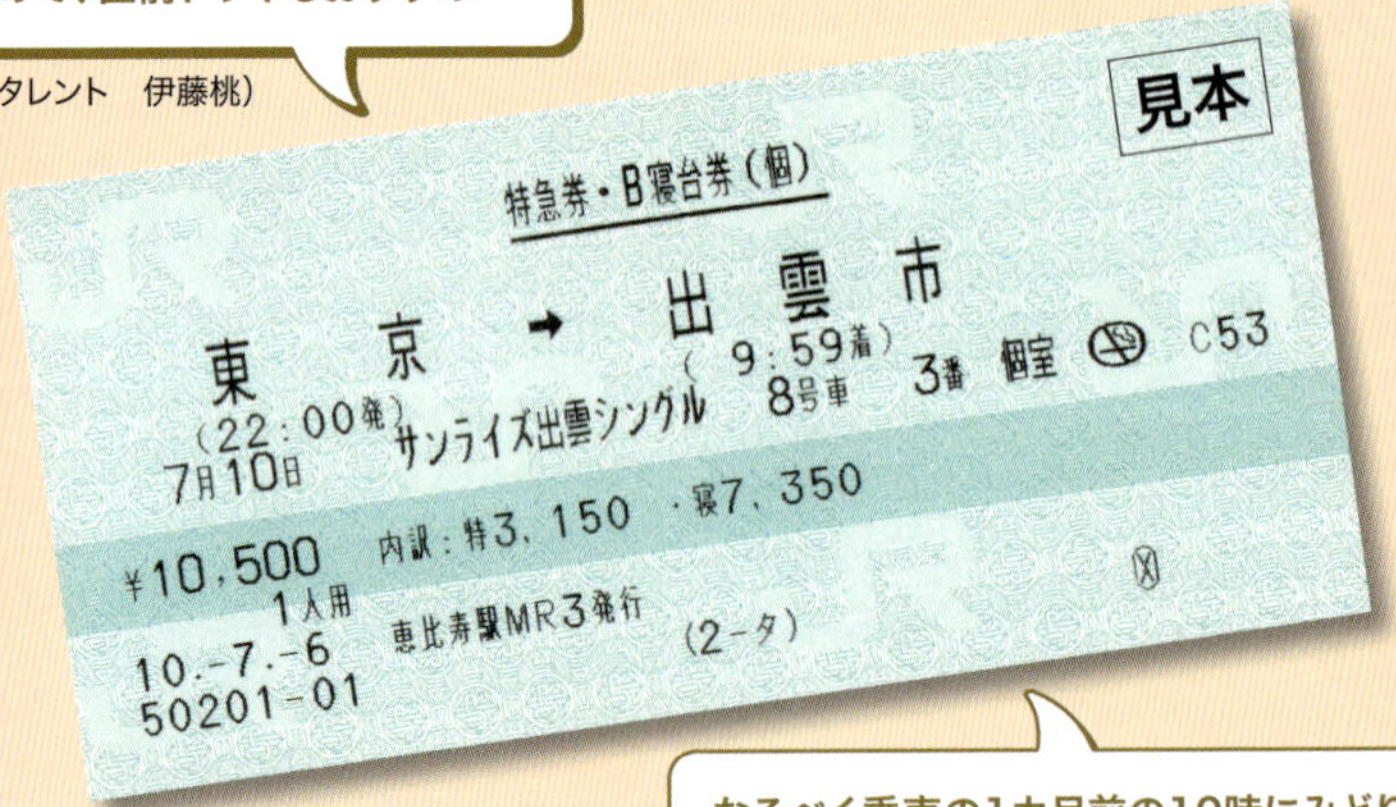

乗車予定日が満席でも諦めないで。みどりの窓口に何度か通ってキャンセルを問い合わせると、席が取れることも多い

（俳優・ライター・旅人　谷口礼子）

なるべく乗車の1カ月前の10時にみどりの窓口へ。金曜下りは人気。希望席が無くても後日マメに窓口を覗くと取れることも多い。旅行会社分が戻される可能性のある21日・14日前の夜、払戻手数料が上がる直前2日前が狙い目

（週末旅行家　八田裕之）

第2章

大好きなサンライズエクスプレス

サンライズを愛してやまない旅の達人たちに
その魅力や思い出の旅を語ってもらった。
乗車の際に知っておきたいポイントもご紹介!

東京駅にて。窓が大きいので、夜景も朝陽もどちらも思う存分味わえる

鉄旅タレント

伊藤桃流「サンライズ」の楽しみ方

いとう・もも

青森県出身、鉄旅タレント。2016年にJR全線完全乗車を達成した乗り鉄でもある。『小田急全駅ものがたり』(シンコーミュージック)、『桃のふわり鉄道旅』(開発社)など著者多数。

〝旅〟を味わえる最後の定期夜行列車

今現在、最後の定期夜行列車であるサンライズ。大好きだったブルートレインとは少し違うけれど、それでも夜行列車の旅情を残す、数少ない列車の一つだ。まるでホテルの廊下のように、ずらりと個室が並ぶ車内は非日常へと誘ってくれるし、自分専用の個室はちょっとした特別感を感じさせてくれる。お弁当を食べる人、お酒を飲みくつろぐ人……、その楽しみ方は人それぞれ。

私の楽しみ方はラジオを聴くことだ。自分だけの特等室、灯りを消して真っ暗にすれば、外の灯りを存分

まるでホテルのような廊下。個室には鍵もあるのでセキュリティも安心

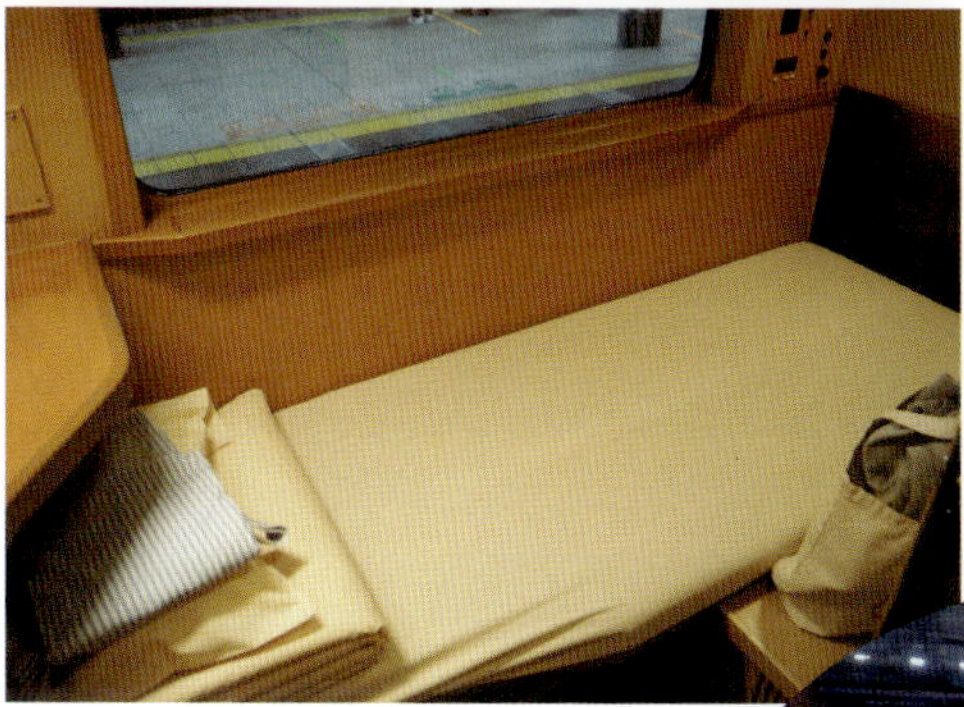

もっとも部屋数が多い1人用B寝台のシングル。ベッド脇には荷物も置ける

ノビノビ座席以外には、オリジナルパジャマも備え付けられている

に楽しむことができる。だんだんと人がまばらになっていく夜のホームを眺めながら西へ西へ。真っ暗な世界の中、ちょうどラジオからGOING STEADYさんの「銀河鉄道の夜」という曲が流れてきたことがあった。本当にささやかな偶然。でも、流れゆく夜の世界を眺めつつ、何とも言えない幸せを感じた。真夜中の駅、そして見知らぬ街の灯りは夜行列車じゃないと見られないものだ。

〝サンライズ〟という名前の通り、朝日も見逃せない。頑張って早起きをすると、とっておきの朝焼けを車窓にて独り占めできる。

岡山駅の分割作業はテツじゃなくても大人気。分割する様って誰の心でもわくわくさせてくれるのではないだろうか。

「サンライズ出雲」に乗車した場合は、岡山駅から伯備線に入る。ここからは、のどかな山景色や田園風景を眺めながら走るローカル線だ。大

サンライズを
ひと言で
表現すると

朝も夜も全部楽しめるスペシャル特急

岡山駅の分割作業。これにて、「出雲」と「瀬戸」に道が分かれる

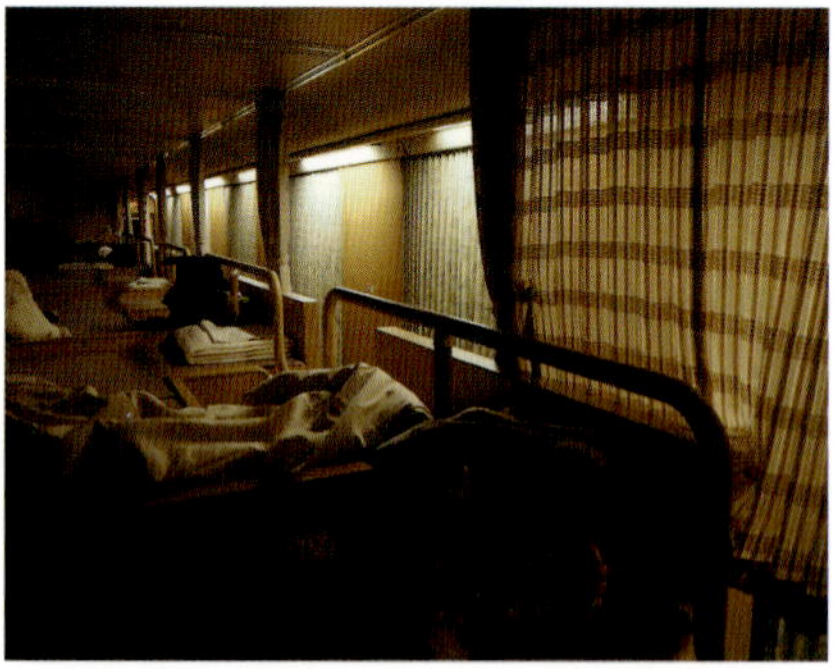

旅情あふれるカーペットシートのノビノビ座席。今や貴重な座席でもある

伊藤桃流
「サンライズ」の楽しみ方

きい窓が開放的な共有スペース、ラウンジであらかじめ購入していた駅弁を食べながら、車窓を存分に楽しむのもおすすめ。特急「やくも」と競うように走る様がかわいらしい。川に沿うように田園風景を抜け、次第に中国山地の山中へ。あわせて川も段々と急な渓流へと変化し、名勝地でもある石霞渓《せっかけい》を渡る。伯耆《ほうき》富士とも呼ばれる大山の雄大な景色、まるで海のように大きい宍道湖と、その車窓の魅力は尽きない。前日の夜には大都会・東京にいたのがうそのようだ。

　また、別の楽しみ方としては大阪からの最終電車としての乗り方もある。大阪から東京行きの上り列車の発車時間は24時33分。新幹線よりも夜行バスよりも遅い。そのうえ、ノビノビ座席を使用すれば、1万2400円と新幹線よりも安いのだ。個室とは打って変って、まるでフェリーの絨毯席のようにカーペットに仕

下り列車にて。岡山駅の手前で美しい朝焼けに出会えた11月の朝

切りがついただけの簡素な寝床だが、これがどうしてなかなか居心地いい。

豪華な車両は増えたが、こういう〝旅人〟の旅情を残す列車は減ってしまった。大阪ですっかりほろ酔いになったあと、深夜のラウンジで流れていく大阪の夜景をみながら酔い覚ましをするのもまたおすすめ。

こうして振り返ると、行くたびに新しい楽しみを発見している。きっと、あなただけの楽しみ方も見つかるはずだ。

Sunrise Express

私のアドバイス5カ条

1 満席でも直前にチェック

予約がいっぱいでも、直前にチェックすると空席が割と多い。

2 上りの大阪発は使える

上り列車の大阪発は24時半。新幹線よりもずっと終電は遅く、ノビノビだと安い！

3 朝食はあらかじめ買っておく

車販はありません。あらかじめ朝食など飲食物は買っておくことがベスト。

4 シャワーカードは乗車時に

人気のシャワーカードは乗車と同時にゲットがおすすめ。

5 ラジオを聞きながら車窓を楽しむ

ラジオを聞きつつ夜の車窓を眺めると、とてもロマンチック。

乗り物探訪記者

植村誠流

「サンライズ」の楽しみ方

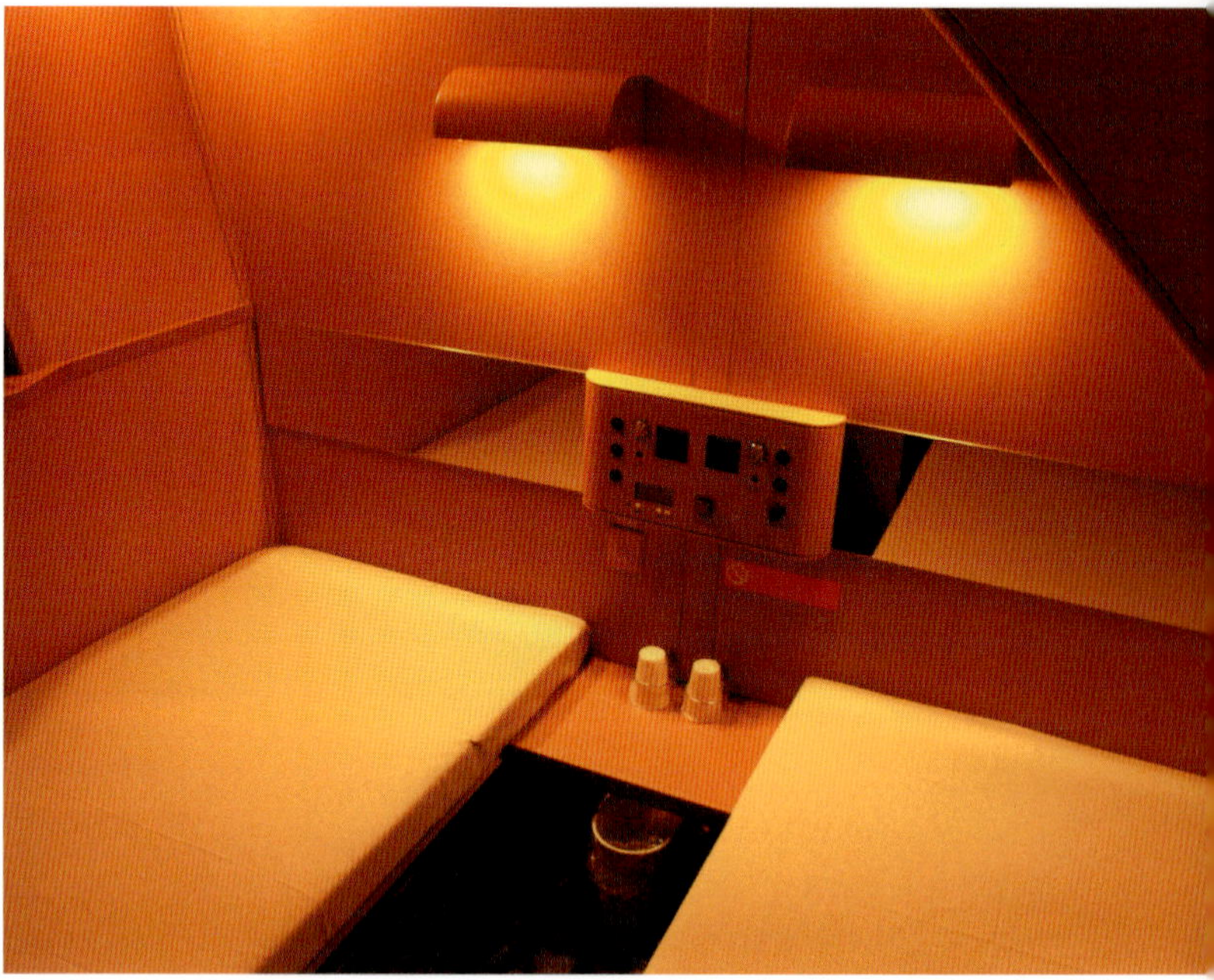

友人と過ごしたサンライズツイン。シンプルかつ上品な空間に、友人も大満足していた

うえむら・まこと
「どん行」と夜行列車の旅を愛して数十年。マイペースな汽車旅をモットーに、国内のほか東南アジアや韓国、台湾、欧州などを取材・執筆中。著書に『寝台特急「北斗星」「トワイライトエクスプレス」の記憶』（天夢人）など多数。

サンライズに一目惚れ！ 念願の初運行列車に乗車

「サンライズエクスプレス」のデビューは、衝撃的としか言いようがありませんでした。私には珍しいことなのですが、デビュー前に品川駅で催されたお披露目にも足を運んだほどで、デビューを知るや「絶対に乗りたい列車」の筆頭に君臨したのです。勤め人だった当時、勤務中にサボって品川駅を訪れたはいいものの、大行列に並ぶうちに時間切れ。車内探索は初乗りまでお預けになったのを昨日のことのように覚えています。

　サンライズの営業初列車は平成10（1998）年7月10日。金曜日なの

サンライズが東京駅に入線。帰宅ラッシュも落ち着いた時分、つかの間の旅情が訪れる

で会社を休むことなく乗ることができるのですが、迷ったのは「サンライズ出雲」と「サンライズ瀬戸」、どちらの列車のどの設備を選ぶかということでした。寝台、ないし座席数のキャパからいえばシングルが最多で無難。逆に希望が集中する可能性もあるので、裏をかいてソロという手もある。思案の末に私が選んだのは下り「出雲」のシングルデラックスでした。1編成に6室。4室きりのサンライズツインほどでないにせよ、最難関と思われる寝台を狙ったのです。1カ月前の発売日、「得意先に直行します」と言い置き、都内某駅のみどりの窓口で早めに待機。どうにか先頭を確保できました。

顔なじみの駅員さんが端末に入力。時報とともにエンターを押してくれたのですが、あっけなく敗退してしまいました。それからというもの、みどりの窓口詣での日々に。発車5日前になって「出雲」のシングル（1

サンライズを
ひと言で
表現すると

JR特急の最高傑作！

シングルの完全な2階建て構造に驚いたものだ。後継形式の登場に期待しているのだが……

植村誠流
「サンライズ」の楽しみ方

階）が確保でき、無事に初運行を体験することができたのです。

初列車だけあって発車前からファンらしき人々が通路をウロウロ。私もその一人でしたが、各個室内を見学できるわけでもなく、早々に自室に引きこもってサンライズの旅を楽しみました。そのころの私は旅行にカメラを持参していませんでしたが（勝手に〝宮脇派〟を気取っていたのです・笑）、現在だったらカメラ片手に右往左往していたに違いありません。

当日は終点の出雲市からさらに西進、山口線経由で山陽に出て、そのころ小野田線で走っていたクモハ42形乗車などを楽しんだのもいい思い出です。

懸案のシングルデラックスは同年の11月に上り「出雲」で初体験。羽毛布団をはじめホテルに負けない調度に感激し、室内奥側の壁面を被う鏡によって室内がより広く感じられ

新見や宍道での乗継ぎは良好ではないが、中国山地の秘境ジャンクション・備後落合駅に足を延ばしたことも

サンライズとの乗り継ぎで、ことでん乗りつぶしや土讃線坪尻駅探訪などを楽しんできた。ダイヤ面での使い勝手も良好で、夜行の特性を生かし早朝から夜まで自在な行程が組みやすいのもありがたい

Sunrise Express

私のアドバイス5カ条

1 寝台券は諦めないのがコツ

寝台等の確保は早めが原則ですがキャンセル狙いも有効。私の体験では10日前ごろからがチャンス大！

2 前後の行程も自由自在に

乗車前後の過ごし方の自由度が高いのも魅力。夜汽車ならではの楽しみといえるでしょう。

3 区間乗車にも注目

横浜や大阪、姫路など途中駅での乗り継ぎによって、旅のプランニングの幅が広がります。

4 飲食物は乗車前に確保！

供食設備がないため飲食物の準備は乗車前に。岡山停車中の購入は可能ですが時間が短くおすすめしません。

5 行き帰りに異なる設備を

行きがソロなら帰りはノビノビ座席というように、異なる設備を選んでみてはいかがでしょうか。

たのが新鮮でした。

サンライズはダイヤ面での使い勝手もよく、大阪で上りを捕まえ帰宅の途につくなど自在に利用しています。一度、岡山県下のJR全線乗りつぶし取材がありましたが、そのときは下りを姫路で下車し姫新線に乗り換え、最後は宇野線からフェリーで高松へ渡り、上り「瀬戸」で帰途に。便利で快適。〝旅の疲れ〟との無縁を実感したものです。

シンガーソングライター

オオゼキタク流「サンライズ」の楽しみ方

山陰本線・出雲市駅に入線する「サンライズ出雲」号。夏の18時45分頃、見事な夕焼け

愛読している宮脇俊三さんの短編集『旅の終りは個室寝台車』（河出文庫）

オオゼキタク
シンガーソングライター。2004年Victorよりデビュー。ドラマ主題歌、アーティストへの楽曲提供や高校校歌の制作等で話題を集める。鉄道旅好きが高じて鉄道全線をほぼ完乗。最近では日本各地の廃線跡・保存車巡り旅にハマり中。

旅の思い出を真空パック 湯上がり帰路寝台のすすめ

反芻《はんすう》のひとときこそが旅の真髄なのではと思ったりします。

宮脇俊三さんの短編集『旅の終りは個室寝台車』に出会って以来、関東への戻りで夜行列車、とりわけ個室寝台を使うことに憧れました。色々回り終えて、あとは寝るだけ帰るだけの時間には、反芻のための心の余白をたっぷり持つことができるので好きです。

思えば僕の「帰路寝台」デビューは、大阪から帰る際に利用した寝台急行「銀河」でした。プロモーション帰りの新幹線のきっぷをばらし、

代わりに寝台券を入手。ギターと一緒に寝床に潜り込みました。九州帰りの「富士」「はやぶさ」、秋田帰りの「あけぼの」、札幌帰りの「はまなす」、「北斗星」。それぞれに思い出が詰まっていますが、「サンライズ出雲・瀬戸」は居心地の良さと安心感が別格です。

乗り方、楽しみ方は人それぞれですが、寝台乗車には人それぞれのしきたり？　ルーティン？　があって面白いですよね。僕の場合はこんな感じです。

——個室のカギを閉める。荷物や買い込んだお土産を棚に置く。スマホの充電器をコンセントに挿し、撮りためた旅の写真を見返しながら車掌さんの検札を待つ。買い込んだ駅弁やお酒、おつまみを窓際に並べる。旅装を解いて楽な服装に着替えて、一杯やる。電気をそっと消してみる。ふうっと息をついて窓の外に飛んでいく駅や街の光を眺めて、じわじわ

サンライズを
ひと言で
表現すると

思い出をそのままパック。旅の冷凍保存車

オオゼキタク流
「サンライズ」の楽しみ方

山陰本線・出雲市駅併設のお土産物屋アトネスいずもで買い込んだお酒とおつまみ

サンライズ出雲号の「東京行」表示。特急のフォントがたまりません

ノビノビ座席なら上段、角部屋が好き。他グループとの相部屋感も楽しい

列車と自分が同化していくのを感じながら心がふやけていくのに身を任せる……。

　ふいに入ったトンネルでリラックスしきった自分の顔に出くわしてハッと我に返ったり、部屋を暗くして、やけに近く見える星空に吸い込まれそうになったり。いいですねぇ。旅を成功させたご褒美のような時間。思い浮かべるだけであの贅沢な時間が芋づる式に蘇ってくるようです。皆さんはどんな楽しみ方をされるのでしょう。

　寝てもよし、食べるもよし、音楽を聞いても、電話しても、配信しても収録してもいい。誰にも邪魔されない最高の空間です。シャワーも楽しいですね。カードを購入して一度は体験してほしい「6分間のアトラクション」です。僕の最近のおすすめはこのシャワーを敢えて使わずに「サンライズ乗車直前温泉」することです。旅の最終日は余裕をもって

山陰本線・出雲市駅に設置されていたプラレールのサンライズ出雲号

スタンダードなB寝台シングル。車端部の部屋は天井が少し高くてお得

Sunrise Express

私のアドバイス5カ条

1 旅の帰路にサンライズを利用すべし
起きたら地元、の安心感たるや！

2 直前キャンセルを狙え
旅の途中でみどりの窓口で尋ねると1席のみ出物があったりします。

3 シャワーカードは賢く使え
6分間1本勝負。夜・朝2回を1枚で利用できないので注意。

4 ノビノビ座席は荷物量に注意
人気のため混雑することが多い。ギターを置くと寝返りが打てませんので（体験談）要注意。

5 カーテン閉め忘れにご注意
通勤の皆様に油断しきった姿を見られてしまいます。

土地の名物の温泉にゆったり浸かり、さっぱりした体でそのまま個室寝台に滑り込む。これがたまりません。

お気に入りは、山陰本線・温泉津《ゆのつ》駅の近くにある薬師湯。国の重要伝統的建築物群の中心にある天然温泉ですが、お肌すべすべな状態でサンライズの時間を楽しめて気分がよかったです。

サンライズの居心地いい空間は、旅を反芻するにはもってこいです。僕の場合は、あちこち回った旅程を振り返りながら、乗車レポートの文章を書くことが多かったように思います。見つけたもの、入ったお店、出会った人、話したこと……。そうだったそうだったと、振り返りながらいつのまにか眠りにつく。そうやって夢の中まで使って染み込んだ思いが僕の表現をかたちづくっているのかもしれません。帰り道にサンライズを使う。これぜひやってみてください。

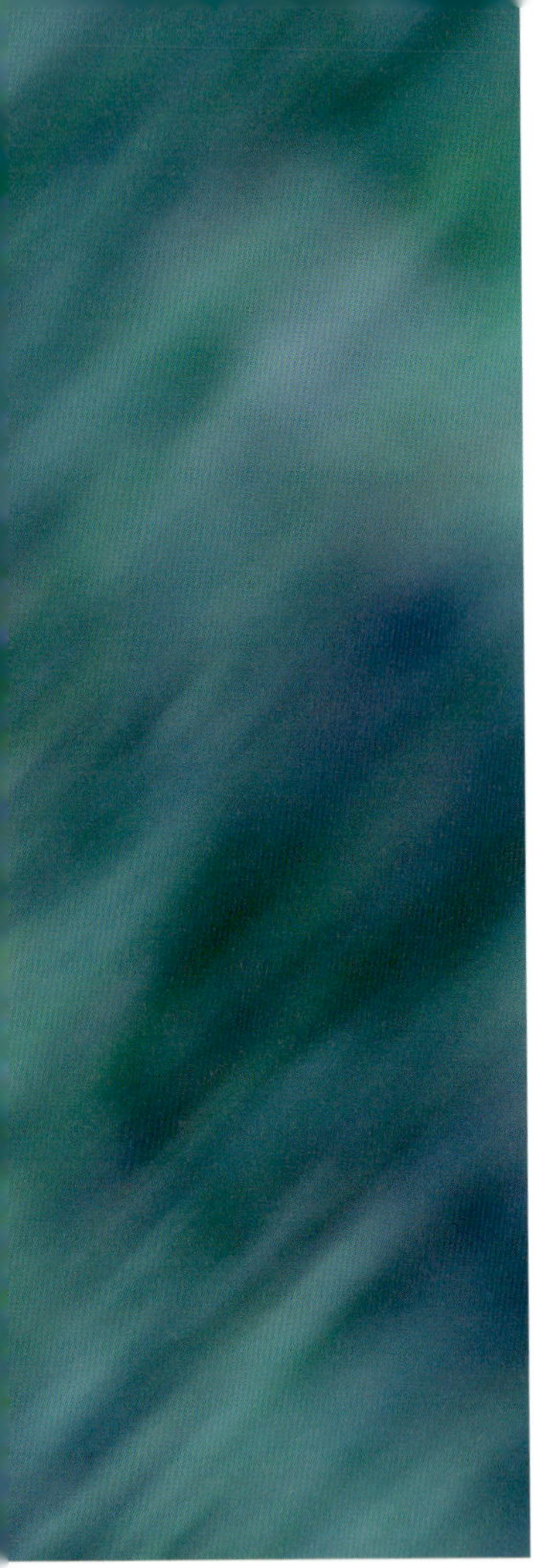

写真家

金盛正樹流「サンライズ」の楽しみ方

芝離宮にほど近い屋形船の船溜まりが、
終着駅まで間もないことを告げる

夜明けの東海道本線を疾走する5032M
上り「サンライズ瀬戸・出雲」

かなもり・まさき
1967年神戸市生まれ。大学卒業後、商業写真プロダクション「ササキスタジオ」に7年間在籍。1996年よりフリーとなる。鉄道専門誌や一般誌の鉄道企画に写真を発表する一方、鉄道模型の撮影も得意としている。日本鉄道写真作家協会（JRPS）会員。

デビュー以前から関わり日々その姿を捉え続ける

私がサンライズと関わりを持ったのは、平成10（1998）年7月のデビューよりも前からでした。サンライズはJR西日本とJR東海が使用車両の２８５系電車を保有し運行に当たっていますが、デビューに際して両社が告知・宣伝用のポスターを作成し、それぞれのエリアの沿線各駅に貼り出しました。そのJR東海側が作成したポスターの写真撮影を私が担当したのでした。

そのポスターに使用されたサンライズの外観カットは、落成直後でJR東海引渡し前の２８５系を日本車

両豊川製作所で撮影したものでした。その後、向日町の京都総合運転所（現・吹田総合車両所京都支所）へ赴き、試運転の合間にできあがったばかりの内装を撮影したりもしました。

かつては全国を走っていた夜行列車でしたが、九州ブルトレが全廃され、「北斗星」が去り、「はまなす」が消えて、気づけばサンライズが日本で唯一の定期夜行列車であり、唯一の定期寝台特急となっていました。そしておそらく最後の夜行列車、寝台特急となることでしょう。

前述のようにサンライズとはスタートから浅からぬ縁がありました。そして私の住まいは静岡県の沼津にあり、毎朝毎夜サンライズが近くを通っています。鉄道写真を生業にしている者として、日々のサンライズの姿を記録に残すことは私の使命なのではないか、と思うようになりました。以来、仕事等で難しいときを除き、できる限り毎日サンライズを

サンライズをひと言で表現すると

オン・オフ問わず重要なライフ・パートナー

朝を迎えた「サンライズ出雲」を水墨画のような伯備線の雪景色が静かに包み込む

金盛正樹流 「サンライズ」の楽しみ方

撮ることをライフワークにしてきました。今では私の鉄道写真表現において、サンライズは無くてはならない被写体の一つになっています。

しかし私にとってのサンライズは外から撮るだけの対象ではありません。やはり乗ってこその列車です。これまでにプライベートでも仕事でも何度も利用してきました。旅先へ向かうためのアシとして乗ったのはもちろんのこと、いくつかの雑誌の依頼で乗車ルポも行いました。フル乗車を楽しむだけでなく、途中駅利用の区間乗車にもサンライズは有効な列車です。私の場合、自宅からアクセスしやすい沼津駅での乗降を頻繁に行っています。ときには東京での仕事を終えてノビノビ座席で帰宅することもあります。乗車券と特急料金だけなので、三島まで新幹線指定席に乗るのとほとんど変わらない額で在来夜行特急のミニ旅を楽しめます。また上り列車のみ大阪駅で客

プラットホームの頭上に掲げられた列車名入りの乗車位置案内札が、寝台特急の威厳を示す

かつて車内で購入できたタオルセットのタオルにはサンライズのイラストが付いていた

明けやらぬ空の下、沼津駅に進入する上り列車。夜を徹して駆け続けた車体に、構内の照明が反射する

通勤客が行き交う朝の東京駅に到着。サンライズの停まる8番線にだけ特別な空気が漂う

Sunrise Express

私のアドバイス5カ条

1 岡山駅のイベントを楽しむ

「瀬戸」と「出雲」の分割・併合はサンライズ最大のイベント。多数集まる見学者とともに楽しもう。

2 シャワーカードはお早めに

3、10号車にあるシャワー室利用のためのシャワーカードは、下り列車ではすぐに売り切れてしまう。

3 タオルをお忘れなく

以前はアメニティーセットが車内で販売されていたが、現在は無い。シャワー利用者はタオル必携。

4 ラウンジを活用しよう

ラウンジがあるのもサンライズの特徴。開放的な共用空間で、初対面の旅人同士会話が弾むかも。

5 ノビノビ座席は枕持参

薄毛布と頭部に敷く布しか用意されないノビノビ座席。携帯枕があれば、長旅が俄然快適になる。

扱いするので関西での仕事帰りにこれを利用し、在りし日の急行「銀河」に想いを馳せながら揺られる、なんていうこともしました。

サンライズは日本の鉄道にとっては特別な存在ですが、私にとっては日常的に触れ合っている身近な存在です。その誕生に立ち会ったこともあり、この先も行く末をずっと見守っていきたいと思っています。そしてサンライズを待ち受けるその未来が、明るいものであって欲しいと願ってやみません。

『JTB時刻表』元編集長

木村嘉男流 「サンライズ」の楽しみ方

東京駅の発車案内。この日は琴平へ延長する日で行先が高松・琴平となっている

きむら・よしお
『JTB時刻表』元編集長。サンライズ登場のころは一度編集長職を離れ、時刻表制作システムの開発を行っていた。毎日、理科系の環境のなかにいて、寝台電車の表紙を見たときは一刻も早く乗ってみたいと思いながらも、システムの概要作成から細部の詰めへの作業に明け暮れていた。

時刻表の世界から見た紙の上のサンライズ

1998(平成10)年7月10日、「サンライズ瀬戸・出雲」がデビューし、『JTB時刻表』でも7月号の表紙を飾っていた。私が編集長だったのは1997年5月号から1998年4月号までと、2000年5月号から2006年4月号までであって、サンライズの運転開始はちょうどその間であったため、残念ながら編集長としてサンライズのデビューには関われなかった。さらに在任中にサンライズを表紙にする機会もなかったのでやや縁遠い存在だったかもしれない。なおそれ以後もサンライズが表紙を飾ったのは2013年6月号の一度だけ。やはり夜行列車なので撮影区間は限られているのだ。時刻表では一時、ブルートレインなど廃止が決まった列車を名残の意味で表紙にすることが多かったが、今後サ

ノビノビ座席は、頭の方だけはややプライバシーが保てる。「座席」だと思えば横になれるだけもうけもの

シングル室内の足元を見たところ。右側に操作パネルがある

ンライズもそのような意味での表紙採用はないことを祈るばかりである。

　夜行列車の時刻表上の特徴の一つに、通過(レ点)が続くことがある。極端な例では1ページ全駅がレ点になっている列車(上越線・長岡―水上の場面での「あけぼの」「北陸」など)もあった。ページレイアウトとの関係で、現在のサンライズに全駅レ点のページはないが、下り・米原―岡山間のページで途中の姫路停車と岡山の到着時刻だけが載っているページが一番レ点の割合が高いページとなっている。

　ところでサンライズが運転を開始したとき、バラエティに富む個室寝台のグレードを表す記号の検討がなされた。結局は今のように、B1やB2、全車指定席マークなどを駆使し、さらに営業案内の編成表欄では、それらの既存マークに注釈(○号車のB2はサンライズツイン、など)を入れることで落ち着いた。そのこ

サンライズを
ひと言で
表現すると

紙の上でも夜行列車の特徴を今に残す貴重な存在

木村嘉男流

「サンライズ」の楽しみ方

岡山駅8番線は瀬戸大橋線の特急がおもに使用するホーム。「サンライズ瀬戸」が琴平行の日の撮影

岡山駅で出発を待つ「サンライズ瀬戸」。欠き取り式の7番ホームから見たところ

ろはまだほかにも夜行列車が多数健在（定期の特急だけでも18往復）で、それらとの整合性もあり新しいマークを付与することはなかった。しかし現在のように寝台列車がサンライズだけとなってしまうと、寝台料金が基本とは異なることもあり、新しいマークをつくっておけばよかったかな、と思うのである。

14（平成26）年9月から「サンライズ瀬戸」の琴平延長が始まった。本体は定期列車でも高松―琴平間の延長部分は臨時列車扱いなので、臨時列車発表月には臨時列車運転計画という資料がＪＲから提供される。サンライズ瀬戸は4社（東日本、東海、西日本、四国）またがりの臨時列車であり、各社とも必ずこの運転計画の第1ページ目に記載されている。各社に周知・調整の必要な最優先列車、いうなれば最恵国待遇の列車なのである。

そんな私も実際に、ビジネスにプ

800km以上の旅路を終え、高松駅に到着した「サンライズ瀬戸」。

琴平行の日は高松駅で35分の停車。個室に鍵をかけて駅前でうどんでも

Sunrise Express

私のアドバイス5カ条

1 長距離列車の検索方法の基本

目的地の到着時刻が旅程にマッチするかを確認するには逆引きを行ってから利用の可否を決めるとよい。

2 ダイヤ改正後に注意

東京発時刻は2150。2021年から10分繰り上がっているのでとくに常連の方は要注意。

3 乗り物酔いしやすい人は1階席に

スピードが速く意外に揺れることも。自信がないときは1階席を選ぶといいだろう。

4 寝台券はみどりの窓口で

一部を除き指定席券売機ではノビノビ座席しか購入できない。寝台券購入はみどりの窓口へ。

5 早朝営業の店も調べておこう

早朝に下車しても開いてる店は限られる。モーニングのある喫茶店などは事前に調べておきたい。

ライベートに、サンライズを何度となく利用してきた。福岡に出張の際には、時刻表をさんざん調べて、岡山で新幹線に乗り継げば早い時間に博多に着き、9時からの打ち合わせに間に合うということがわかり、東京駅からサンライズを利用した。当時は自分なりに大発見！と喜んでいたが、この本のほかのページにも紹介されているとおり、裏ワザとしてよく利用されているパターンの乗り継ぎだったのであった。

ささくら・みのる
1960年東京都杉並区生まれ。有限会社轍代表。季節の鉄道風景をテーマに映像と写真の撮影を続けている。著書に『60歳からの鉄道写真入門』（天夢人）などがある。

鉄道カメラマン

佐々倉実流「サンライズ」の楽しみ方

横浜駅を出発した下りサンライズ。遅い時間でも通勤客が多い

始発前の大阪駅で運転停車。誰もいないホーム が不思議な感じだ

乗車したA個室。イスとテーブルもあってゆったり

快適な寝台列車で〝撮るか寝るか〟

客車時代の寝台列車の旅といえば、カーテン一枚で仕切られた狭いベッド……。今は懐かしく思い出すが、やはり快適な旅はいい。

このサンライズは実に快適に過ごすことができる列車だ。ノビノビ座席以外は個室。A寝台ではテーブルとイスまで完備で、周りの人を気にせず自由な時間がもてるのが嬉しい。

そうなると、いつも迷うのが〝撮るか寝るか〟だ。もちろん翌日の予定もあるので、完徹で窓にしがみつく気はないが、ブラインドを閉めて、電気を消して「おやすみなさい」がなかなかできない。それだけサンライズの車窓は魅力的なのだ。

東京駅を出発すると見えてくるのは、いつもの東京の夜の風景。通勤帰りの人々で混み合うホームを個室から見ると、ちょっとした罪悪感と、

大阪駅出発後の車窓。早朝の町の灯りが流れる

ちょっとした優越感で手にしたビールがちょっとだけ進む。川崎駅の手前では多摩川を渡る橋梁から灯りの点いたマンション街を望み、根府川駅の近くからは真っ暗な海と対岸の灯りを望むことができる。普段の電車では車内の照明が反射して見えない。個室で室内を暗くできるからこそ見られる風景は、いつもと違う魅力にあふれている。

東京駅を出て約2時間、日付が変わるのが静岡駅の少し手前あたりだ。この時間になって、カメラを置いてベッドで横になってみる。もちろんブラインドは開けたままだ。淡い音で響くレールの音、微かな揺れと、時折光る踏切の灯りの中、浅い眠りと目覚めを繰り返す。なんとも心地よく至福の時間だ。

ホームの明るさで目を覚ましたのが大阪駅だ。下りのサンライズは大阪駅では乗り降りできない。しかし乗務員の交代などで駅に停まる〝運

サンライズをひと言で表現すると

ひとりの自由な時間を楽しむ、特別な夜汽車

岡山駅ホームの売店。朝でも複数の駅弁が準備されている

サンライズの旅の一大イベント、「瀬戸」と「出雲」の分離

佐々倉実流「サンライズ」の楽しみ方

転停車〟がある。もちろんドアは開かないが、窓からホームを見ると電気は煌々と点いている。始発列車前で人っ子ひとりいない大阪駅ホーム、何やら不思議な風景に見えた。

外の風景が明るくなってくると、高松行きの「瀬戸」と出雲市行きの「出雲」が分かれる岡山に到着する（瀬戸は引き返すように走り出して瀬戸大橋線へ向かい、出雲は進行方向変わらずに伯備線へと向かう）。岡山停車中がこの旅でもっとも忙しい時間だ。この駅のミッションは駅弁購入＋切り離しの写真撮影だ。到着前の準備として、①カメラのチェック。②弁当を買う財布のチェック。③連結部分に近いドアに移動。④軽いウオーミングアップ、だ。

岡山到着は6時27分。ドアが開くと同時に駅弁を買いに急ぐ（連結部付近の瀬戸側にお店がある。並んで時間を使うと切り離しが見られない）。迷いなく駅弁を買ったらすぐ

この時の乗車は11月。岡山駅を出発してから朝焼けが見えた

Sunrise Express

私のアドバイス5カ条

B寝は平屋室を狙うべし！ 1

基本2階建てのB寝台だが、1両に2室（「出雲」「瀬戸」それぞれ合計8室）ある。人気で取りにくいので、早めに計画して予約したい。

喫煙室のチェックを忘れずに 2

サンライズは現在では珍しく喫煙可能の個室がある。非喫煙者、喫煙者ともにチェックして予約したい。

ゆっくり寝たい時は下り列車進行左側 3

B寝台では進行方向両側に個室がある。進行方向右側の部屋は、すれ違う列車が意外と気になる。

無人の大阪駅をぜひ見たい 4

乗り降りはできないものの列車が数分間止まる運転停車。大阪駅は始発前なので誰もいない不思議な光景が見られる。だいたい4：30ごろ停車する。

朝の岡山駅は計画的に 5

特に「出雲」の場合は、岡山駅のホームで駅弁の購入と、切り離して「瀬戸」が出発する様子が見られる。ただし時間が短いので計画的に行動して乗り遅れないように注意が必要だ。

終点出雲市駅のホームは高架ホーム。町の様子がよく見える

に連結部分に移動する。切り離し作業と瀬戸が出発するのを見学する。瀬戸の出発が6時31分なので、ここまでが4分間のミッションだ（瀬戸乗車の方は、弁当だけで切り離し見学は不可）。ここまで乗り切れば出雲出発までは、あと3分あるので悠々乗車することができる（もちろん最大のミッションは乗り遅れないこと）。

駅弁を手に岡山を出発、あとはのんびりと朝の車窓を見ながら終点出雲市へと向かうだけだ。

俳優・ライター・旅人

谷口礼子流「サンライズ」の楽しみ方

シングル(上段)は天井までカーブを描く大きな窓がある。一番好きな部屋だ

ソロ(下段)。ベッドでいっぱいの部屋には毛布と枕と部屋着がセットしてある。上着はハンガーへ

子どものころから憧れた夜行列車の旅情を味わう旅

毎朝、横浜駅の横須賀線ホームに到着する寝台特急「あさかぜ」を横目に学校に通う中高時代を過ごした私は、夜行列車に不思議な世界観を感じていたような気がする。寝ぐせのついた髪で、お土産の袋をいくつも抱えて降りてくる大人たち。そっと窓をのぞき込むと、しわくちゃになった毛布とシーツと浴衣が見えた。誰かの部屋をのぞいてしまったようなドキドキ。どこか遠くの地方から、その土地の空気を詰め込んで夜通し

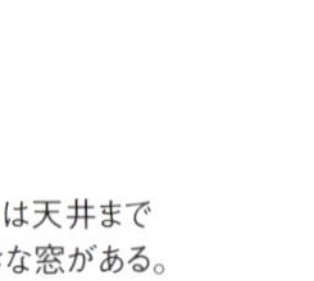

たにぐち・れいこ
神奈川県横浜市出身。映画『電車を止めるな!』蔵本陽子役。小劇場中心に舞台出演多数。旅をしながら演劇を楽しめる「ローカル鉄道演劇」に参加。鉄道やバス旅の紀行文も執筆する。バスジャパンハンドブックに連載中。著書『谷口礼子のバスに乗っていこう!』。

下りのサンライズ瀬戸は、日の出の時間に瀬戸大橋を渡った。朝日きらめく瀬戸内海が美しい

走ってきたであろう列車は、じんわりと熱を帯びている感じがした。いま思えば、あれは一種の「旅情」だったのだろう。

秘密基地も二段ベッドも大好きな子どもだったので、当然のように夜行列車に憧れていたけれど、ついに経験しないまま大人になってしまった。そんな私が知ることになったのが、現代の夜行列車・サンライズだったのである。「なんとか乗ってみたい」と思って、まずは大阪での仕事の帰りに、上り列車の最終乗車地である大阪から東京までのきっぷを取ったのが最初だった。周りの人は「そんな短距離を乗るなんてもったいない」と言ったけれど、構わなかった。大阪では、深夜まで待ち時間があったけれど、気にしなかった。とにかく、夜行列車の車上の人になってみたかったのだ。

初めてサンライズの個室に足を踏み入れた時は戸惑った。座席がなく、

サンライズを
ひと言で
表現すると

今夜はここが私の部屋。夜景も朝日も独り占め

高松駅に停車する上りのサンライズ瀬戸。岡山駅でサンライズ出雲と併結されて東京へ向かう

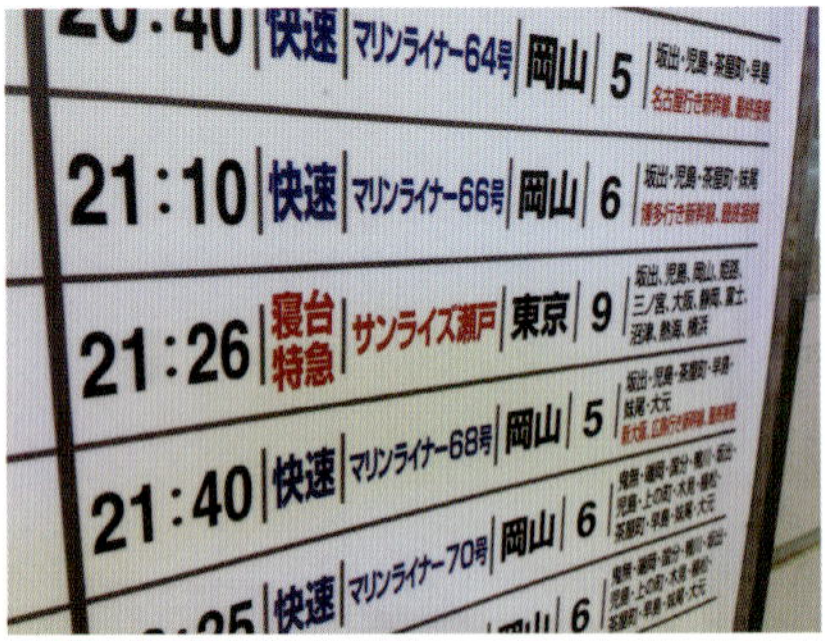

高松駅の時刻表。「岡山」が並ぶ中に「東京」の文字を見つけるとなぜか頼もしい

谷口礼子流「サンライズ」の楽しみ方

部屋のすべてがベッドだったから、どうやって乗ればいいのだろうと思った。でも慣れてしまえば簡単だ。靴を脱いで、ベッドの上にあぐらをかいたり体育座りをしてみると、この小さな秘密基地のような空間が今夜だけは私の部屋なのだ。室内の明かりはオレンジがかった温かみのある電球色。この明かりの下から、車窓に映る何気ない日常風景を見ていると、自分だけがなにか異質な存在になった気がする。この感覚が、旅をするということなのかもしれなかった。夜が更けて、営業を終えた駅にまだ灯る明かりが窓を行きすぎるとき。電気を消した室内でベッドに寝転んで見上げる空の、遠く動かない星を見つめるとき。走り続ける列車の中の、小さなひと部屋に存在している自分をなぜか俯瞰して眺めることができた。私は、夜を越えて走り続けるこの列車の刻んでいく時間の流れがとてつもなく好きだと気づ

同じ東京行きでも、出発地によって「サンライズ出雲」と「サンライズ瀬戸」の表記がある

旅先の特産品を窓辺に並べて旅を締めくくる最後の一晩。買い物は乗車前に済ませよう

いつも旅に連れていく小さなぬいぐるみの「いぬ」を窓辺に座らせて。東京に近づく朝の風景だ

Sunrise Express

私のアドバイス5カ条

1 飲食物は事前に用意

車内販売がないので要注意。上り列車では中四国の特産品をおつまみに！ 冷えたビールは直前に！

2 電源タップがあると便利

コンセントは一部屋に1口しかないので、カメラやスマホなどを数種類充電するために必要だ。

3 入浴は乗車前に済ませても

タオルや石鹸の持参が必要。シャワーカードが売り切れることもあり、銭湯などを利用する手もある。

4 深夜の駅風景もオツなもの

夜更かしをするなら、深夜の通過駅に灯る明かりが車窓を過ぎていくときの旅情を味わってみよう。

5 寝ながら眺める星空は最高

個室の上段では、カーブした窓が天井近くまで大きくとられている。電気を消して空を見上げよう。

いた。

その後、サンライズを何度も旅の行程に組み込んで利用することになった。東京在住の私にとって、下り列車は旅の始まり、上り列車は旅の締めくくりというイメージが強い。好みはそれぞれだろうと思うけれど、瀬戸大橋を渡るときにちょうど朝日が昇る下りの「サンライズ瀬戸」、そして、都会の朝の喧騒に、少し休みボケした頭で突入していく上りの「サンライズ出雲・瀬戸」が、私の好きなサンライズだ。乗車から降車までの時間が、車窓風景や天気とともに物語のように思い出に残るのが、夜行列車の魅力だろう。一夜の宿を後にして、お土産の袋を手に、寝ぼけ眼で東京駅に降り立つとき、なんだかたまらなくおかしくて懐かしい気持ちになるのである。

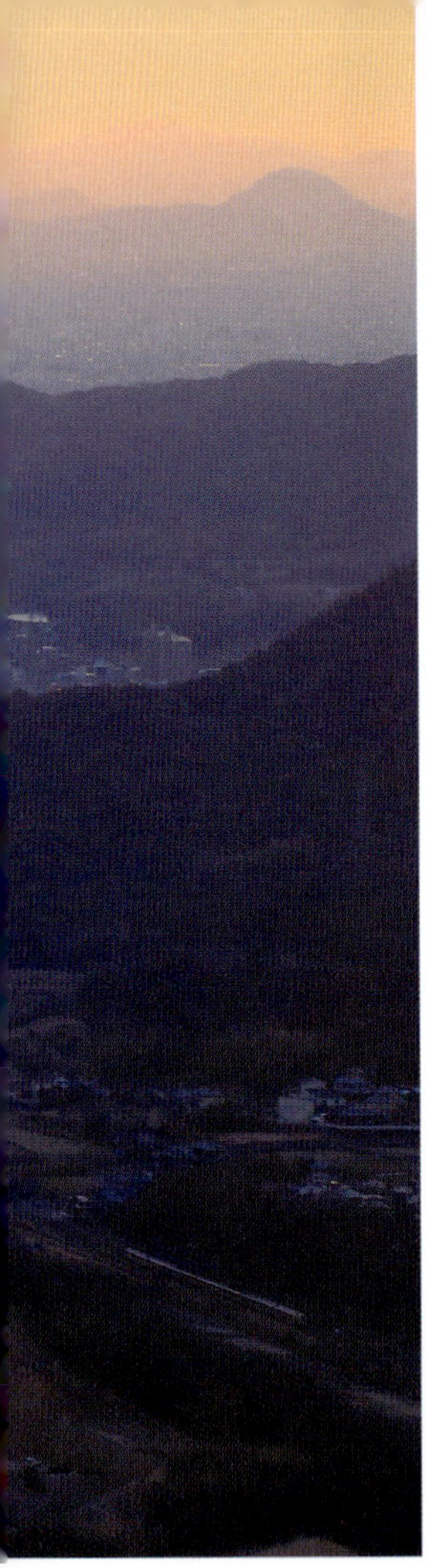

鉄道カメラマン・ロケコーディーネーター

坪内政美・どつぼ流

「サンライズ」の楽しみ方

東京から約9時間。夜が明ける（山陽本線 瀬戸〜上道）

高松駅前にある「めりけんや」のかけうどん。イリコの効いた出汁とのど越しのいい麺がたまらない

つぼうち・まさみ
1974（昭和49）年香川県在住。いつでもどこでもスーツで撮影に臨む異色のカメラマン。各種鉄道雑誌などで執筆活動もする傍ら、四国を中心に鉄道関連のプロデュース・アドバイザーなども行っている。最新著書に『もっと鉄道珍百景』（天夢人）がある。

地元民が紹介！琴平延長運転の遊び方

瀬戸大橋が開通する以前は、宇高連絡船デッキで立ち食いの讃岐うどんを食べながら四国・高松に向かった旅人や、望郷の味として親しんだ四国人が多かったように、今でも、「サンライズ瀬戸」に乗って、讃岐うどん店を巡るのが静かなブームになっている。終着の高松は別名「さぬき高松うどん駅」とも呼ばれ、サンライズ瀬戸号到着に合わせて開店していた「連絡船うどん」があった。昨年（2021年）11月に惜しまれつつ閉店となってしまったが、駅前には姉妹店「めりけんや高松駅前店」

瀬戸大橋を渡り一路、高松へ向かう。特徴的な三角山がサンライズを出迎える(予讃線　讃岐府中〜国分)

がその味を引き継いで朝7時から夜8時まで年中無休で営業しており、サンライズ乗客の胃袋を満たしてくれる。また付近には、穴場うどん店が点在しており、週末に運行される琴平延長運転の際は、高松到着後約30分の停車が行われるため、荷物を部屋に置いたまま、身軽に本場讃岐うどんを楽しむことや、7時20分から開店する駅弁店で駅弁も買うことができる。(ちなみにこの駅弁屋、18時を過ぎると在庫駅弁が半額になるので見逃せない)

さて、この琴平延長運転は、高松着7時27分、琴平に向けて出発するのは8時02分で、多度津・善通寺駅と停車し、琴平到着は8時39分。琴平からは回送で9時24分に再び高松へと戻ってゆくので、なんと先発の上り列車で先回り撮影もできる特典が！　途中、宇多津9時43分〜50分、坂出9時55分〜10時01分と運転停車を行い、高松へは10時17分に到着。

これぞ、夜汽車！ 一路東京へ目指す
（山陰本線　出雲市～直江）

その後は折り返し高松運転所へと引き上げるので、西村京太郎さん張りに時刻表を駆使すれば、サンライズ撮影も大いに楽しめる。

讃岐うどんを心底味わいたいのなら、琴平から高松琴平電気鉄道（通称ことでん）沿線に繰り出すと、６～７店舗は確実に巡ることができ、あとは自身の胃袋との戦いだ。切符は「ことでん一日フリーきっぷ」（１４００円）、または、ことでん全線とＪＲ土讃・予讃線琴平～多度津～高松・高徳線志度駅まで乗り降り自由の一日フリー切符「ことでん・ＪＲくるりーんきっぷ」（２２００円）が便利だ。

東京行き上り列車は、高松駅21時26分の発車。21時前には早々と車庫からホームへと据え付けられるので、荷物を一旦部屋に置いたまま、ゆっくり撮影したり、コンコースの土産物を見て回ることができる。夕食は、高松駅２階にあり20時30分まで開店、

サンライズを
ひと言で
表現すると

四国・山陰の風を直通で運ぶ無二の存在

年中無休という、知る人ぞ知る立ち食い寿司店「七幸」がおすすめ。毎朝、瀬戸内海で獲れた魚介を仕入れ、「大名巻」や「びっくり巻」「元気巻」など安くユニークな寿司も提供していて、テイクアウトもできる。私がいつも予約するのは「特選」に名物の「鉄火巻き」追加。これを持ってサンライズに乗りこみ、1階のコンビニ（お湯の提供あり）で用意した味噌汁でゆっくりと夕食と洒落こみたい。さらに地酒で四国の〆として楽しむのもいい。

10時30分開店の高松駅2階「立ち食い寿司 七幸」ランチ限定のうどんセットは、お得で贅沢！

お持ち帰りの「特選」にお土産に味噌汁や地酒、サンライズグッズもゲット、これで完璧！

Sunrise Express

私のアドバイス5カ条

1 下り瀬戸は進行方向左側！

瀬戸大橋を渡る際に瀬戸内海から昇る朝日を楽しむなら、進行方向左側の部屋がおすすめ。

2 下り出雲は進行方向右側！

伯備線内の高梁川をはじめ、鳥取県大山・島根県宍道湖を楽しむなら進行方向右側の部屋。

3 上りは基本進行方向右側！

出雲・瀬戸ともに上りは静岡以東で見え始める駿河湾・相模湾の朝景が楽しめる右側が◎。

4 限定！ 琴平延長便を見逃すな

サンライズ瀬戸の琴平延長運転。高松での約35分の停車は、絶好のうどんタイム。

5 紙の時刻表も必携

色々なトラブルに見舞われるこの列車は、時にネットが繋がらない場所で立ち往生することも。

週末旅行家

八田裕之流「サンライズ」の楽しみ方

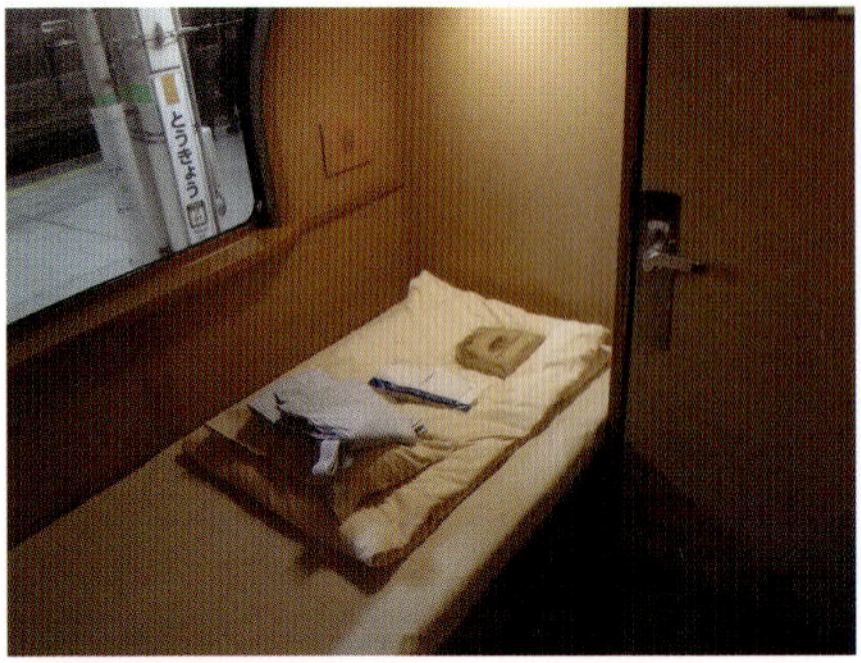

シングルデラックスのベッド。アメニティも充実

シングルデラックスの机に飲み物や食べ物を広げれば宴会気分

いよいよサンライズは東京駅を出発する。旅に出る高揚感

はった・ひろゆき

JR全線完乗した鉄道ファンで、Jリーグをこよなく愛する。会社員生活の傍ら休日は鉄道趣味とジェフ千葉の応援を兼ね全国を奔走。文筆の他、フュージョンバンド「Quiet Village」のリーダーとしてギターと作曲を担当、オリジナルアルバム制作やライブ活動など、音楽活動も行う。

個室の灯りを真っ暗に消し眠る町の眺めを楽しもう

寝台列車の旅情はなにものにも代えがたい。出発のとき、ホームに並ぶ通勤客を車内から眺める優越感、都会の夜、ビル群のネオン。やがて列車は闇夜を進むようになる。個室の照明を消す。真っ暗に寝静まった町、山間の外灯に照らされる小径、暗闇に煌々と光るコンビニ、夜空に立ち昇る工場群からの白い煙、一瞬で通り過ぎる踏切の赤い点滅。

眠っている景色が広がる中、ぽつんと灯りの点いている民家を見つけると、人々の生活や人生を空想して

「サンライズ出雲」から眺める、全国で7番目に大きな宍道湖。汽水湖でありシジミが名産

しまう。そして寝台に伝わってくるレールの継ぎ目の音と揺れに身を委ねていると、いつの間にか自身も眠りに落ちる。

以前は、東京駅や上野駅からたくさんの寝台列車や夜行列車が旅立つ光景が見られたが、現在ではサンライズ出雲・瀬戸のみとなってしまった。これも時代の流れであり、仕方のないことだ。

サンライズはそもそも山陰旅行や四国旅行に使うのだと思うが、今となっては貴重な夜行列車であるため、私は何かと乗車する理由を見つけて利用している。

とくに「サンライズ出雲」が好きだ。その訳は単純で、出雲市到着が10時00分、朝までのんびり過ごすことができるから。瀬戸だと高松到着が7時27分。少し早すぎるではないか。

以前は、実際に山陰や四国に用事があるときに利用していたが、最近ではそうでもなくなった。たとえば、

サンライズをひと言で表現すると

今では唯一無二、貴重な定期寝台列車

八田裕之流「サンライズ」の楽しみ方

出雲市に到着し、駅裏にある日帰り温泉で一浴し、駅に戻り割子そばを食べ、11時54分発の特急やくもで岡山に戻ったことがある。当時この列車は381系という国鉄時代からの車両であった(2024年6月15日、新型の273系に置き換えられた)。

伯備線を往復することになるが、行きと帰りで左右の車窓を変えるのだ。行きのサンライズでは起床したころに現れる、石灰岩の絶壁が見事な井倉峡、そして松江付近の宍道湖の眺めを堪能、帰りのやくもからは、サンライズでは眠っている時間に通り過ぎてしまった(車窓の反対側でもあった)高梁川の景色を眺める。冬であれば、山陰と山陽の気候の違いも感じることができる。

「サンライズ瀬戸」について、高松到着が早いと書いたが、時期によっては琴平が終点となることがある。この場合、琴平到着は8時39分で、余計に一時間ほど楽しめる。

「サンライズ瀬戸」から眺める瀬戸大橋からの光景。このあと四国の工場地帯が見えてくる

Sunrise Express

私のアドバイス5カ条

1 事前の買い物は余裕をもって

車内での酒類・弁当等の販売は無いので、出発前は予め時間を確保して買い物をしておこう。

2 乗車前に東京駅で一杯飲む

早めに東京駅に向かい、乗車前に八重洲地下街の店で一杯ひっかけるのもいい。ほろ酔いで寝台へ。

3 車窓の選び方（下り）

出雲は進行方向右。朝、宍道湖が広がる。瀬戸は左。瀬戸大橋からの眺めを上りの線路に邪魔されない。

4 車窓の選び方（上り）

両者とも進行方向右を。真鶴近辺で文字通り太平洋の「サンライズ」を味わうことができる。

5 三股コンセントが便利

個室にはコンセントが1つある。夜行列車に限らず旅に出るときは三股コンセントを用意すると便利。

2021（令和3）年4月にジェフ千葉を応戦するため、京都サンガ戦に向かった際、ひと足早くこの列車で琴平まで行き、徳島線経由で鳴門に泊まった。鳴門からは淡路島経由で京都まで高速バスが頻繁に出ている。単に京都に行くだけでなく、四国のローカル線の風情も味わうことができた。

このように、行き先に寄らず、寝台特急サンライズに乗ってみる工夫を無理矢理にでも考えてみるのも楽しいと思う。

なお、上りと下り、どちらに乗るかというと断然下りが多い。下りは旅に出る高揚感を味わえることに比べ、上りは東京駅に到着したときの「旅が終わってしまった」という喪失感が大きいからである。それに到着が7時8分と早く、朝寝坊の私にはちょっと厳しいのだ。

やすこーん
食べた駅弁は2200食以上。駅そば・温泉・お酒が好きな乗り鉄。著作は『おんな鉄道ひとり旅』（小学館）全2巻、『メシ鉄!!!』（集英社））全3巻 、『やすこーんの鉄道イロハ』（天夢人）、最新刊は『食べて飲んで ひとりで楽しむ鉄道旅』（玄光社）。東洋経済オンラインで連載中。HP: yascorn.com

漢画家&文筆家

やすこーん流「サンライズ」の楽しみ方

個室にはパジャマが常備。一年中同じものなので、季節に対応できるよう工夫しよう

B寝台シングル2階。窓が湾曲しているので、広く景色を眺めることができる

乗り方は∞（無限大）！お気に入りを見つけよう

この12年で寝台特急サンライズには計18回乗っています。運行中の列車で1番好きな車両です。すべての個室とノビノビ座席はひと通り利用しました。拙著『やすこーんの鉄道イロハ』の寝台特急サンライズの章でも書きましたが、1番多く泊まった個室は海側の2階、B寝台シングル。そしてお気に入りはシングルツインです。

初めて乗車したのは、おすすめしているシングル2階の海側。興奮して眠れず、月明かりに照らされる夜の海を、いつまでも眺めていました。部屋の明かりを消して、遠くポツンと見える街の明かりを眺めながら呑むのが大好きです。2階は窓がカーブしているので、寝ながら月と一緒に旅をしているかのような気分にもなれます。「サンライズ瀬戸」で瀬戸

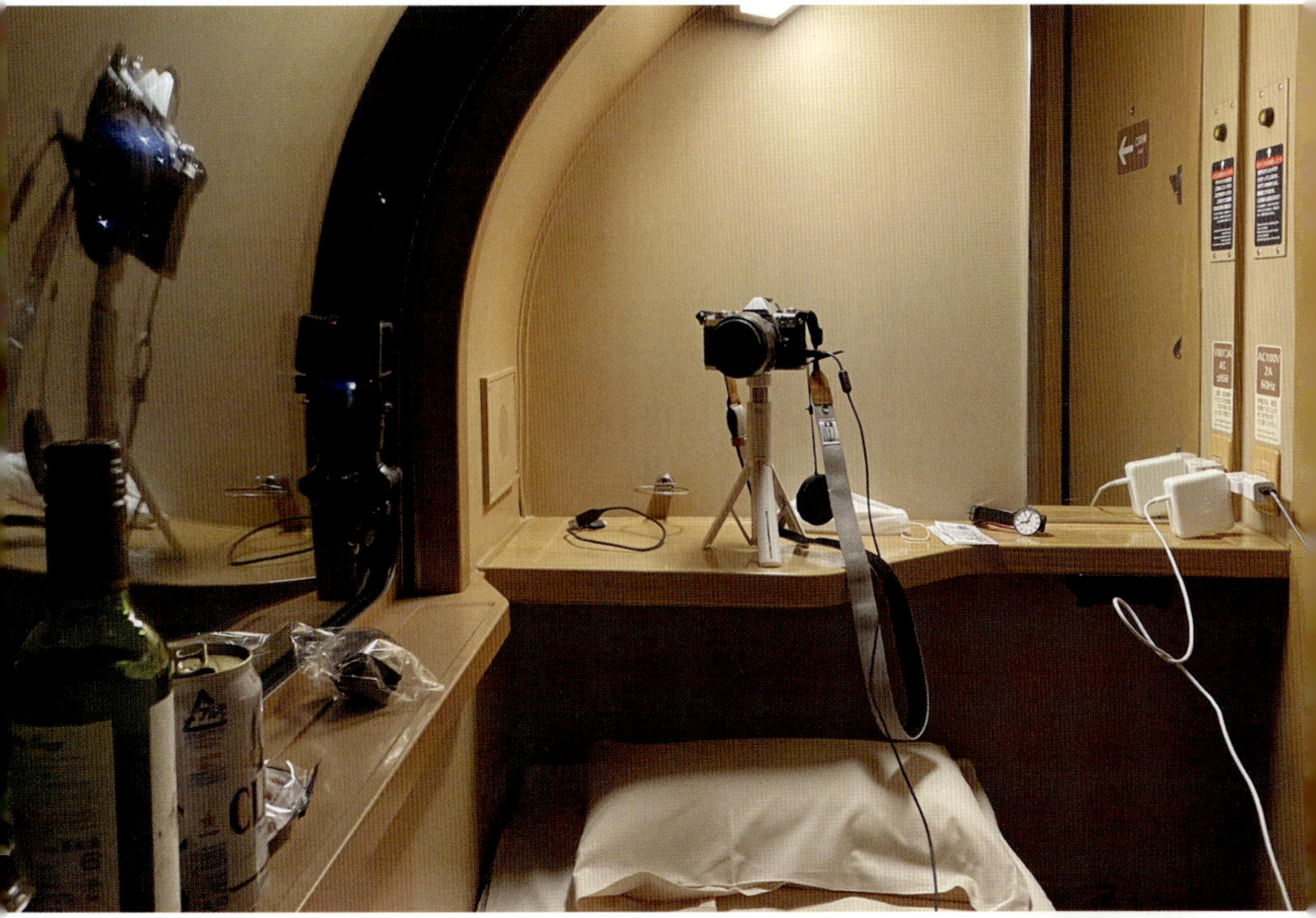

「おんな鉄道ひとり旅」チャンネルで
サンライズの動画配信中

寝台特急サンライズの
乗り方ウラ技教えます!?

おんな鉄道ひとり旅
チャンネル・初の生配信！

B寝台シングル2階で初めて行った生配信の様子。窓にはGOPRO、正面の一眼レフカメラで配信

大橋を渡る時は、昇ってくる朝日にすごく感動しました。それ以降、しばらくシングル2階海側利用が続きました。

ある時、海側がいっぱいで、山側しか取れない時がありました。がっかりしたのですが、なんと富士山の横を通る時に、暗闇の中で、雪をかぶった富士山が、絵のように浮かび上がってきたのです。それも大変感動した覚えがあります。それ以降、山側にも乗るようになりました。

シングルツインは名前の通り、シングル（1人）でもツイン（2人）でも利用できる個室で、ここをよく1人で利用します。乗車した時、部屋は2段ベッドとなっていますが、下（1階部分）のベッドのシーツと、真ん中のマットを外し、折りたたみテーブルを持ち上げると、さながらリビングのような仕様になるのです。このギミックが大変気に入っています。もともと仕掛けのある家具や家

下をリビング仕様にしたところ。真ん中のテーブルをはさんで、向い合せのソファ席になる

乗車直後のシングルツイン（魚眼レンズで撮影）上下階共にベッドになっている

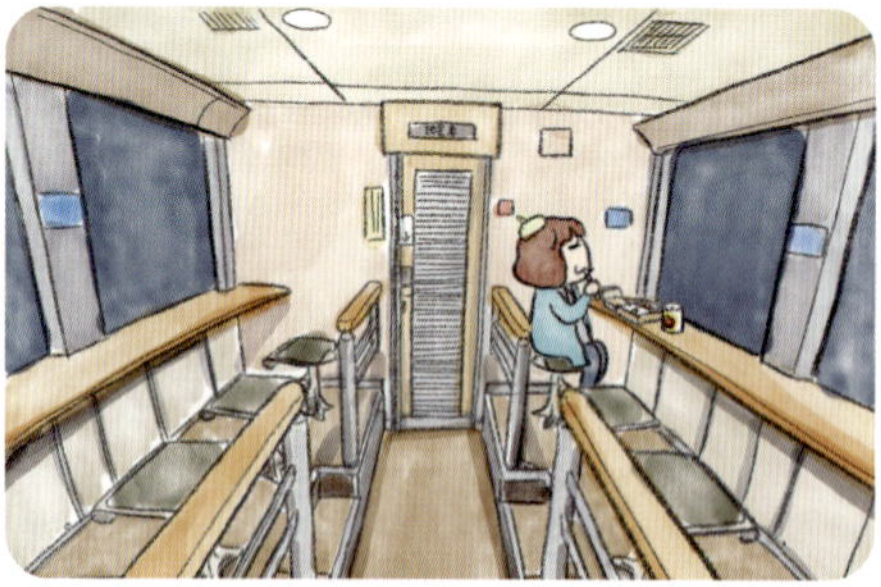

ラウンジで駅弁を食べつつビールを飲む。ラウンジは左右どちらの景色も楽しむことができる

やすこーん流 「サンライズ」の楽しみ方

が大好きなので、尚更なのかもしれません。ちなみに上のベッドも折りたたむことができ、高い天井のリビングにすることもできます。

　このリビングのテーブルにパソコンを乗せ、景色を見ながら仕事をしたり、お酒や駅弁をテーブルに乗せ、景色を見ながら一人宴会をしたりするのが至福のひととき。そして眠くなったら2階のベッドに上がって寝る。まさに私にとって第二の「家」なのです。せっかく長い時間乗るのですから、その間は自分の居心地のよいように過ごしたいものです。

　そんなに何度も乗って飽きないのかと言われそうですが、全く飽きることはありません。本当はもっと乗りたいのに、もったいなくて「乗り惜しみ」しているくらいです。実はまだまだ乗っていないパターンもあります。個室とノビノビ座席、合計で6種類の部屋がありますが、それ以外に選択肢は常に2つずつあるの

サンライズをひと言で表現すると

第二の我が家

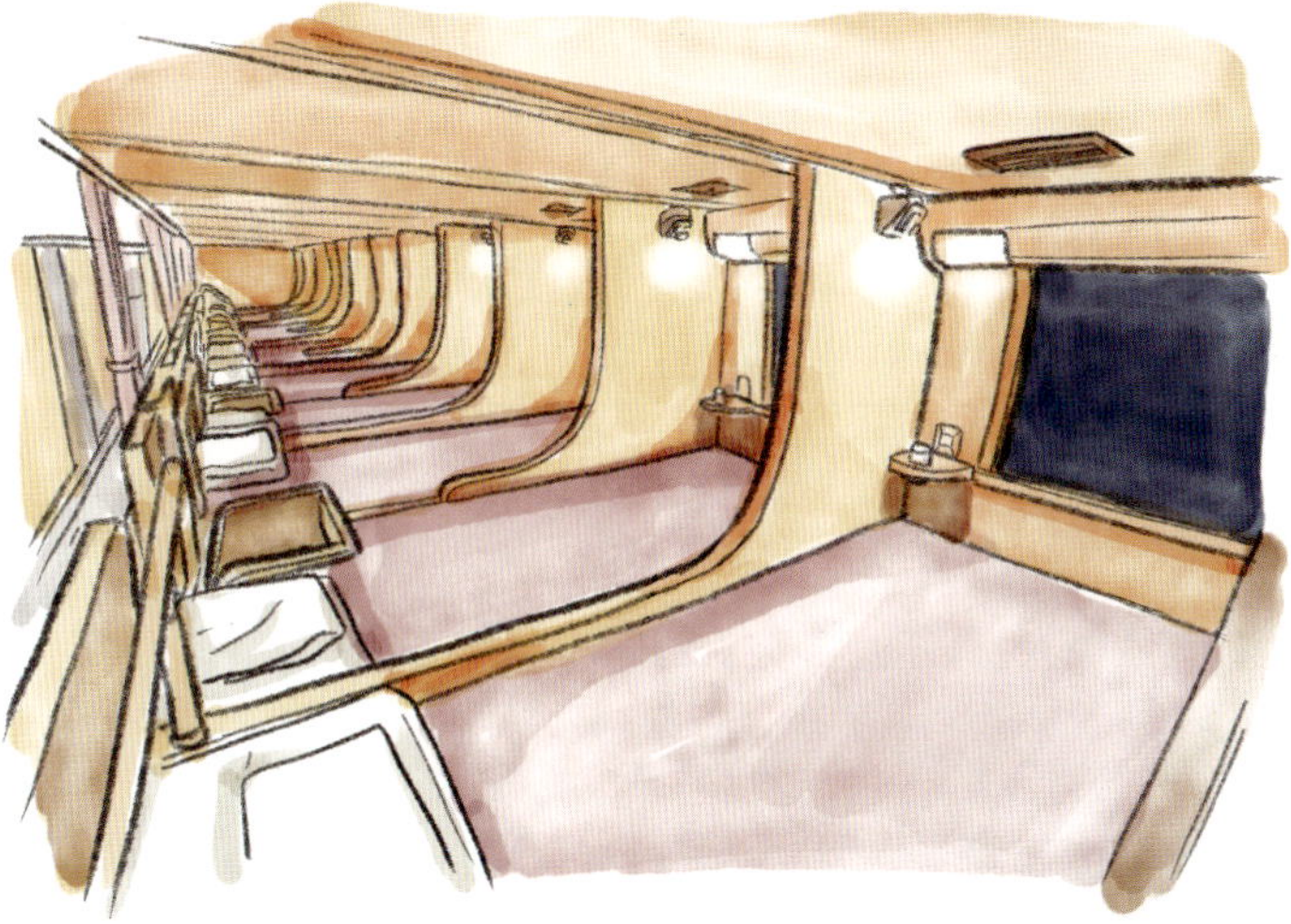

ノビノビ座席。どちらを向いて寝てもよいが、仕切りがある方（窓側）を頭にする人がほとんど

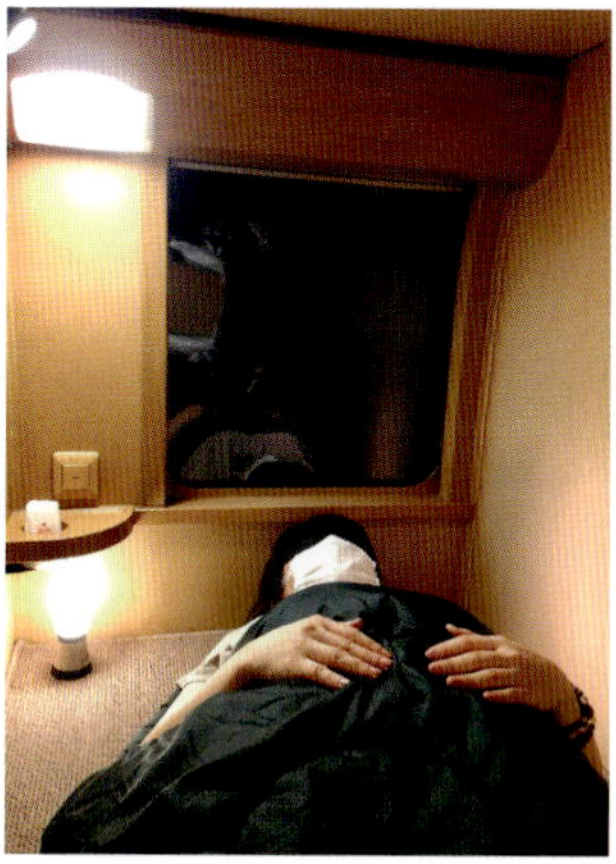

ノビノビ座席は枕がなく床もカーペット敷きなので、寝やすいように寝袋を持っていってみたりした

にお気づきでしょうか。

まずはサンライズ瀬戸に乗るか、出雲に乗るか。海側か、山側か。1階か、2階か。上りか、下りか。シャワーを浴びるか、浴びないか。あ、頭をどちらに向けて寝るか、という選択肢もありました。そう考えていくと組み合わせは∞（無限大）。まだすべては体験していないということです。いずれはどのパターンも制覇するつもりですが、慌てずのんびりと乗っていきます。みなさまも、どうぞよい旅を！

Sunrise Express

私のアドバイス5カ条

1 乗車前日はよく寝ておこう
初めての時は景色を眺めたり、揺れる車内で寝るのに慣れなかったりで、一睡もできない可能性が。

2 食べ物・飲み物忘れずに
東京駅の駅弁は21時過ぎるとほとんどなくなるので、早めに購入しておこう。

3 シャワーを浴びたいなら
シャワーカード販売機は3・10号車にあるが、4・11号車入口からの方が近い。入線前に並ぼう。

4 タオルは持参すること
シャワールームにはリンスインシャンプーとボディソープ、洗面所にはハンドソープがある

5 タップを持っていこう
1個室にコンセントは1個口。スマホやカメラ・パソコンの充電にはタップを持っていくと安心。

美しき サンライズエクスプレス part.2

大阪〜高松・出雲市

撮影／坪内政美

海の銀座とも呼ばれる瀬戸内海を悠々とわたる。
冬場は、ちょうど橋梁上で日の出を出迎える
瀬戸大橋線　児島〜坂出間

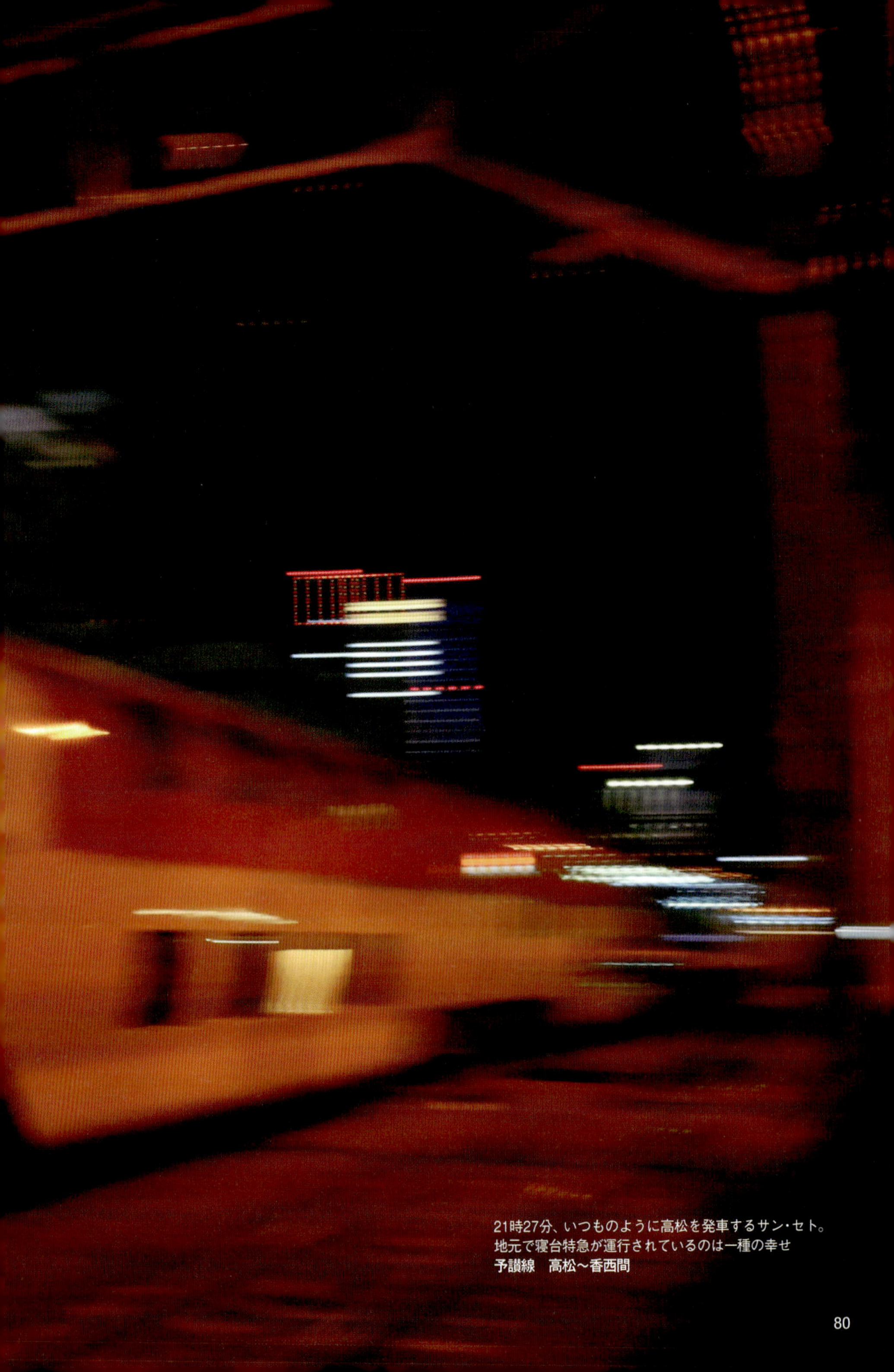

21時27分、いつものように高松を発車するサン・セト。
地元で寝台特急が運行されているのは一種の幸せ
予讃線　高松～香西間

満開の桜に見送られて
木野山駅を通過する。
付近には偶然にも喫茶
店「サンライズ」が営業
している
伯備線　木野山

SUNRISE EXPRESS
SUNRISE EXPRESS

銀世界に彩られた中国山地をゆく。伯備線は、引退が決まった国鉄型特急車両やＥＦ64牽引貨物など、今、注目の路線だ
伯備線　黒坂〜根雨間

美しき サンライズエクスプレス part.2

大阪～高松・出雲市

夏の夕暮れ、見せた奇跡の絶景の下、走りゆく4032M。漏れる灯がサンライズの特徴的な窓配置を浮かび上がらせた
山陰本線　揖屋～荒島間

美しき　大阪〜高松・出雲市
サンライズエクスプレス
part.2

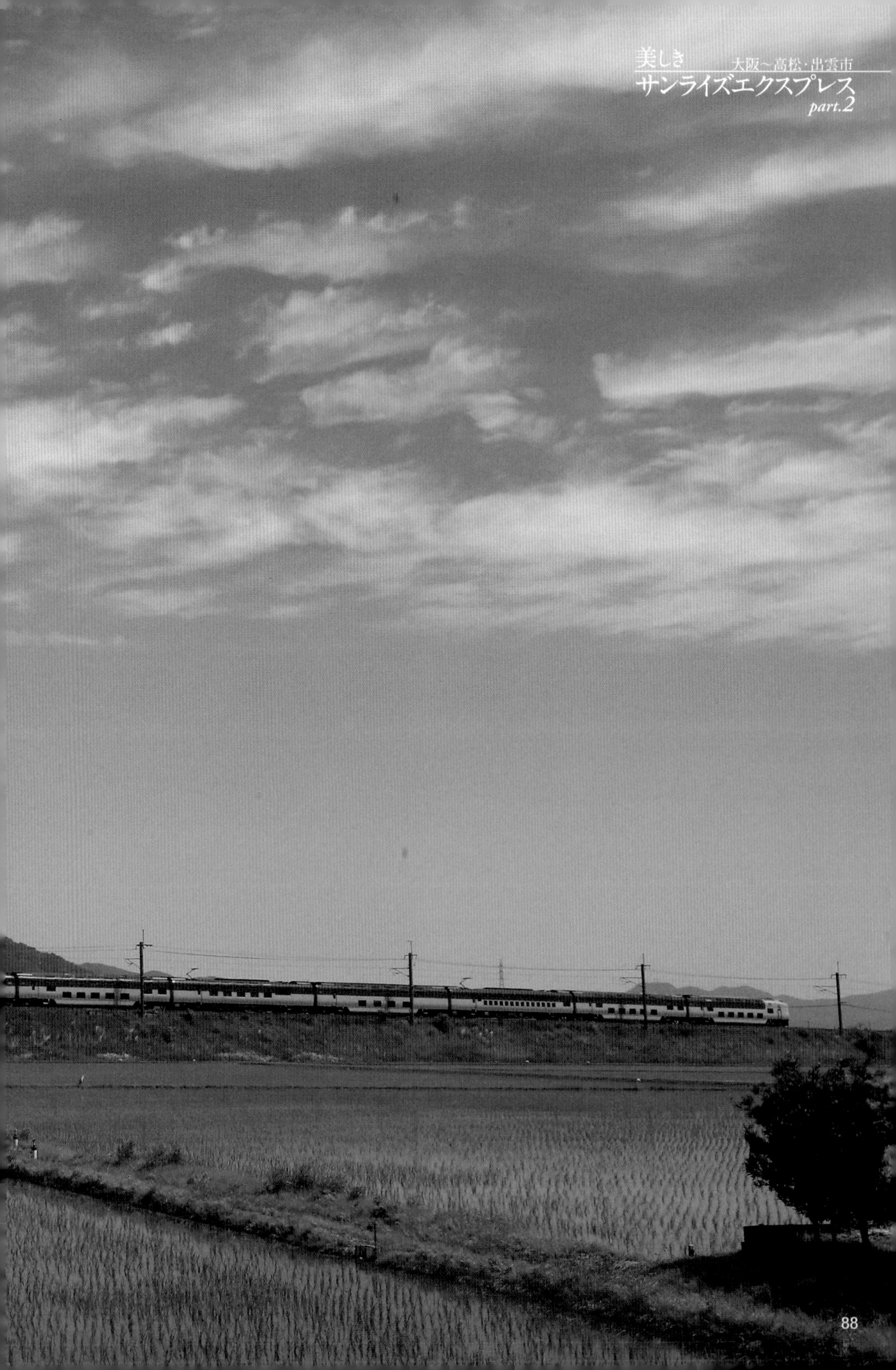

荒天だった東京から約12時間かけて、出雲平野まで
辿りついたサンライズ出雲。神の国は晴天で応えた
山陰本線　出雲市～直江間

SUNRISE
EXPRESS
COLUMN

岡山の“サンライズ劇場”を見逃すな！

「サンライズ瀬戸・出雲」は、岡山で「サンライズ出雲」と「サンライズ瀬戸」に分割・併合作業が行われる。これはサンライズ乗客に人気の一大イベントなのでぜひ見ておこう。

下りの岡山到着は6時27分。車掌の立ち会いのもと、作業員によって貫通幌が引き離され、前側の「サンライズ瀬戸」が先に発車する。

上りは併結作業となり、先に到着していた「サンライズ瀬戸」が貫通路を開けて、9分後にやって来る「サンライズ出雲」の到着を待つ。

先頭車には自動解結装置が装備され、滑らかな作業シーンを見ることができる。なお、先頭部を除く中間連結器には棒連結器を採用。これは7両ごとの固定編成となっているためだ。

STEP 1
下り「サンライズ瀬戸・出雲」が岡山に到着！

STEP 2
作業員が貫通幌を切り離す

STEP 3
幌を収納し、貫通扉を閉める

STEP 4
編成前側の「サンライズ瀬戸」が岡山を出発！

第3章

サンライズエクスプレスの旅

唯一の定期寝台特急となる「サンライズ瀬戸・出雲」。夜行列車を味わい尽くす「WEST EXPRESS 銀河」との乗り比べや神話の国・出雲を訪ねる旅など3つの旅路にご案内。

伯備線を走る「WEST EXPRESS 銀河」。2020年11月までは大阪・京都～出雲市間の夜行列車、以降は季節ごとにルートを変えて走っている

朝日を浴びながら早朝の山陽本線を走る「サンライズ瀬戸+サンライズ出雲」。14両の長大編成で駆け抜ける　撮影／佐々倉 実

WEST EXPRESS 銀河 と
サンライズ出雲

夜行列車乗り比べの旅

2020(令和2)年9月に満を持して登場した JR西日本の長距離列車「WEST EXPRESS 銀河」と、日本最後の定期寝台特急として活躍する「サンライズ出雲」。この2種類の夜行列車乗り比べの旅に出た。

文/安藤昌季　イラスト/月邸沙夜

話題の夜行列車に乗るために寝台特急を予約したいが……

2020(令和2)年9月11日、JR西日本の新たな長距離列車「WEST EXPRESS 銀河」が運行開始した。「WEST EXPRESS 銀河」には夜行運転に対応した接客設備が多数備えられており、運行開始前から注目されていた列車だ。

当初は2020年5月8日から運転を開始する予定であったが、新型コロナウイルス感染症対策のため、約4カ月遅れの運転開始となった。きっぷの一般販売方法も、当初は日本旅行の旅行商品としての販売となった。

P.93〜P.109は取材時の時刻で掲載

私は、運行初日の下り列車の乗車を目指して、この旅行商品の抽選に応募したものの落選。改めて9月16日発の上り列車に、私と相棒で絵描きの月邸《げってい》沙夜《さや》さん、友人8人も応募した。すると、月邸さんと友人のひとりが当選した。平日の運行にも関わらず、私やほかの友人7人は落選したので、大変な人気列車だ。

9月16日発の「WEST EXPRESS銀河」は、出雲市発大阪行の上り列車で、夜行運転を行う。この列車に乗るために出雲市へ出向く必要があるが、せっかくなら行きも夜行列車で乗り比べたい。

東京〜出雲市間は寝台特急「サンライズ出雲」が運行されているため、これで出雲市へ向かうことにした。私は「WEST EXPRESS銀河」当選後、即座に「サンライズ出雲」寝台券の手配に動いた。

しかし、発売から1日しか経っていないのに、2人用個室はすでに満席だった。「サンライズ出雲」で2人利用可能な個室寝台は「サンライズツイン」「シングルツイン」の2設備だ。前者は4室、後者は8室のみで、もともと予約が困難な個室だ。

キャンセルが出る可能性もあるので、スマートフォンで「サンライズ出雲　予約」と検索し、JRおでかけネットを開き、空き状況を確認しつつ、きっぷを購入しにきた某駅周辺で時間を潰した。すると東京〜岡山間で「サンライズ瀬戸」の「シングルツイン」が△(空席残りわずか)に変わった。私は窓口に戻り、岡山までの「サンライズ瀬戸」の寝台券を購入。岡山からは「サンライズ出雲」の「ノビノビ座席」に移動することにした。

285系寝台電車を使用し、東京〜出雲市間で運転する「サンライズ出雲」。東京〜高松間の「サンライズ瀬戸」とともに1998年に登場し、現在も活躍を続けている　撮影／佐々倉 実(下)

「サンライズ出雲」乗車前に東京駅で食堂車料理を購入

乗車当日、私と妻、月邸さんは東京駅構内にある「ステーション レストラン ザ セントラル」を訪れた。店内に一等展望車を模した空間がある洋食店だ。

寝台特急「北斗星」「カシオペア」のメニューを担当した五十嵐章氏が総料理長を務めるこの店で提供される料理は、寝台特急の食堂車の料理に近い味だ。私たちはここで軽く食事をし、「寝台特急の列車内で、食堂車の味を楽しむ」ためにスペシャルハヤシライスと通常のハヤシライス2種をテ

かつて京阪神地区の新快速などで活躍した117系電車。新たな長距離列車「WEST EXPRESS 銀河」として生まれ変わった　撮影／坪内政美（2点とも）

イクアウトした。

「サンライズ瀬戸・出雲」発車の20分前に東京駅9番線ホームに上がり、4号車の乗車位置案内を探す。4号車から乗り込むのは、3号車のラウンジ近くの自動販売機で売られているシャワーカードを買うためである。

「サンライズ瀬戸・出雲」には共用のシャワー設備が備わるが、A寝台個室の利用客以外は、シャワーカードを購入する必要がある。しかし、カードは東京駅発車前には売り切れてしまうことが多いため、あらかじめ4号車で待機したのだ。

私たちはシャワーカードを購入すると7号車1号室「シングルツイン」に収まった。この設備は中央通路の左右にある2段寝台を個室にしたもので、基本的には1人用だが、補助寝台の料金を支払うと2人でも利用できる個室寝台である。個室内の横幅は狭いが、天地方向には開放感がある。

個室に入ると私はすぐに「シングルツイン」下段寝台の中央部分を外し、側壁に立てかけた。

月邸さんが「何をしているの？」と問いかけたので「シングルツインには隠しモードがあって、外した下段寝台が座席になるんだ」と答える。こうすると、2人が向かい合って座れ、かつ折り畳みテーブルも展開できるのである。

やがて列車は東京を出発した。すれ違う通勤電車と全く異なる「走るホテル」から夜景を眺める、最高の時間だ。今回は食堂車の料理もある。まだ温かい2種類のハヤシライスをテーブルに置き、食べ比べた。スペシャルと通常との違いは牛肉だ。スペシャルは香り高く歯ごたえは有りながらサクリと噛み切れる。通常はホロリとしてトロリと甘い。

食堂車の味を寝台特急で堪能すると、私はラウンジに移動して順番待ちし、共用シャワーで汗を流した。6分間お湯が流せ、ボディソープやシャンプー、ドライヤーも備え付けられている。

「シングルツイン」上段寝台で寝ながら星空を眺める

さっぱりして個室に戻り、就寝した。上段と下段を寝比べる。寝台幅は同じだが、下段の方が寝台の外の荷物置き場に手が置けるので、やや快適。照明を消すと、夜景が見やすい。月邸さんは上段で「窓が大きいから、寝ながら星空が見える！」と喜ぶ。個室内に備わる目覚ましを岡山駅到着前にセットした。

翌朝、4時26分の大阪駅運転停車中に目覚めたので、列車内を散歩する。

平日なので「サンライズ瀬戸」はB個室寝台が5割、ノビノビ座席3割、「サンライズ出雲」がB個室寝台7割、ノビノビ座席5割の乗車率だった（改めてスマートフォンで確認したが、A個室寝台とサンライズツインは両列車ともに満席）。

「サンライズ瀬戸」は6時27分、岡山駅に到着した。

「サンライズ瀬戸」「サンライズ出雲」の切り離しを眺めたあと、私たちは「サンライズ出雲」の12号車「ノビノビ座席」に移動した。寝台料金不要だが、カーペット敷きで横になれる割安な設備だ。

備え付けの枕カバーと毛布がある。枕カバーを洋服の上に置き、毛布の上に寝そべると寝台車のような寝心地だが、その場合は掛ける毛布がなく、悩ましい。

友人のNさんらが2人用B個室寝台「サンライズツイン」に乗車しているので訪問する。2階建て車両の階下に位置する個室で、床面積は3・8㎡。同1・9㎡（ただし天地方向に余裕がある）の「シングルツイン」に乗車したばかりなので開放感を感じる。寝台に寝ると幅が5㎝広いことが、体感でわかるほど快適だ。ただ、「サンライズツイン」に座席状態はなく、景色も見にくいので一長一短だ。

9時58分出雲市駅着。すぐに電鉄出雲市駅に移動し、一畑電車に乗った。

「WEST EXPRESS 銀河」に乗車して感動！

一畑電車で出雲大社駅に向かった。新型の7000系は可愛らしい車両だ。

出雲大社前駅には映画にも登場したデハニ50形52号車が保存されている。1928（昭和3）年製造の保存車両で手動扉に時代を感じた。廃止された国鉄大社線旧大社駅舎も見学し、出雲大社を参拝した後で出雲市駅に戻る。

出雲市駅ではコンコースで「WEST EXPRESS 銀河」のプロモーション映像が流され、売店にもグッズが並ぶ。まだ運行2回目なのにグッズは売り切れが多く残念だった。

上り「WEST EXPRESS 銀河」は16時ちょうど発だが、ツアー旅行なので、出発30分前に集合し、新型コロナ対策の検温を受ける必要がある。体調は悪くないが、万が一37・5度以上の熱があったら列車に乗車できないので緊張した。

スタッフから「4号車よりご乗車ください」と指示されるが、ホームには4号車乗車位置案内がない。「みどりの窓口で指定席券を販売する予定だったので、4号車からの乗車は想定しておらず設置中です」と駅員さん。ややあって「WEST EXPRESS 銀河」が入線した。117系近郊形電車を改造した瑠璃《るり》紺《こん》色の車体と、明るい車内のコントラストが美しい列車だ。4号車は定員外のフリースペース「遊星《ゆうせい》」である。友人のNさんたちと乗り込んだ。照明の妙か、お洒落な空間に包み込まれ、圧倒された。

私たちは6号車のグリーン個室「プレミアルーム」、Nさんらは1号車のグリーン車「ファーストシート」を購入していて、まずNさんらの席である1号車を目指した。

1号車グリーン車「ファーストシート」は中央通路式で、左右に寝台化可能な大型座席が並ぶ。私たちは向かい合わせの大型座席に座った。座席幅は62・5cmと、E7系新幹線のグランクラスより10cmも広く、とてもゆとりがある。

背もたれは腰の部分が適度に張り出し、包み込まれるようだ。だが、触感は全体的に硬めである。肘掛けは狭め。

背もたれを前に倒し、寝台に転換する。寝台もやや硬めだが、幅は70cmで必要十分。ただ、寝台の位置が高いので、出入りの際には注意した方がいい。

車端部にはグリーン車利用客専用ラウンジがあり4脚のソファが置かれる。こちらの座席は座り心地がかなりいい。

3号車で鉄道系YouTuberの西園寺さんを見かけたので声掛けした。話を聞くと、動画製作のため、グリーン個室に乗車中とのことで「ファーストシート」にお誘いした。2号車に戻ると月邸さんが女性客のMさんと意気投合していた。Mさんは全ての国内クルーズトレインに乗車されたほどの鉄道ファンで「クシェット」に乗車されているという。

開放式B寝台のような「クシェット」設備が充実した2+2列座席車

「クシェット」は「サンライズ・出雲」のノビノビ座席をはるかに上回る寝心地で、開放式B寝台車並みだ。

Mさんのご厚意に甘え「クシェット」で寝てみる。2段式寝台が向かい合う4人区画が、普通車指定席扱いとなる割安な設備だ。

天井高さが2・17mと低いが、下段寝台の座面が床から15cmと低く、圧迫感はない。寝台幅70cmは「ファーストシート」や開放式B寝台と同じで必要十分だ。

シーツが付くが、枕カバーはなく、ブランケットが付属する。薄手の布地で、冬季は寒そう。やや心配である。

女性専用車の2号車には2+2列のリクライニングシート設備もある。座席間隔120cm、座席幅45cmは2+2列のグリーン車並みで、昼行列車で乗車するならベストの設備だ。女性用は座席が互い違いに配置され、寝顔が見られないように配慮されている。肘掛けに電源や小型テーブルも備えられて便利である。

背もたれは27度も傾き、グリーン車に近い着座感だ。しかし、座面のお尻部分が背もたれと連動して引っ込まず、かつフット

山陽本線朝霧駅付近を通過する下り「WEST EXPRESS銀河」 撮影／坪内政美

レストやレッグレスト、枕は備わらないので、かつて京都・大阪から九州を結んだ寝台特急「彗星」や「あかつき」に連結されていた「レガートシート」、青森～札幌間の急行「はまなす」の「ドリームカー」のような寝るための座席ではない。２＋２列座席は人気がないのか、２号車は女性客１人だけだった。

３号車も２号車と同じく２＋２列座席が並ぶ普通車指定席がある。こちらは男女共用で、座席の色が異なる。

また、座席が並列配置である。２号車寄り車端部には簡易個室「ファミリーキャビン」も備わる。普通車指定席扱いで、マットを敷けば室内全面が寝台となる家族向け設備だ。３～４人用で床面積は４・８㎡もあり、かなり広い。

この設備は２室備わるが、夜行運転時はこの設備の利用者が２室の両方を利用できるので普通車指定席料金で「サンライズ出雲」A寝台個室２室（１室の床面積４・６㎡）分以上の面積を専有できる最高の乗りトク設備と言える。

小上がり風ベンチもある 人気のフリースペース「遊星」

４号車寄り車端部にはフリースペース「明星《みょうじょう》」が備わる。７脚の座席を備えており、設備のシンボルマークはかつての寝台特急ヘッドマークと同じである。

実は４・６号車のフリースペース名はかつての寝台特急の愛称を継承しており、６号車フリースペース「彗星《すいせい》」も寝台特急のヘッドマークと同じ記号を採用している。

４号車フリースペース「遊星」は、４人用ボックス席４カ所と、座布団が置かれた小上がり風のスペース、そして受付などを行うカウンターがある（今回の運行ではお弁当の受け渡しで使われた）。人気はボックス席で、深夜までほぼ開くことがなかった。

５号車は男女共用の「クシェット」で、２号車の設備とほぼ同じなので、そのまま６号車グリーン個室「プレミアルーム」に向かう。６号車は２人用４室、１人用１室で定員わずか９人のぜいたくな空間だ。

山陰本線を宍道湖沿いに走る「WEST EXPRESS 銀河」
撮影／坪内政美

２人用個室に入る。個室が台形で狭い部分に入口があり、開放感がすごい。

入口にソファと、窓向き座席が備わる。窓向き座席は床がかさ上げされ、眺望に配慮するだけでなく、寝台下の荷物置き場も確保した巧みな設計だ。窓向き座席を前に倒すと寝台になる。ここは軽い力で動かせるが、側扉は重く、開け閉めに苦労する。

寝台は最小幅90㎝、最大幅１３５㎝の台形で、シーツも特注品。寝台は仕切れないので、仲がいい２人客向けだ。

座席や寝台はやや硬め。居住性はまずまずである。車端部にはフリースペース「彗星」があり、運転室越しの展望も楽しめるよう工夫されている。側窓が開くので写真が撮りやすいのもいい。

山陰の手厚いおもてなしに感激 専用掛け紙の名物駅弁も

16時37分、列車は松江駅に停車した。28分停車し、平日運行時は「まつえ若武者隊」の鎧武者が歓迎してくれる。

17時27分着の安来《やすき》駅ではドジョウすくいの方がホームでお出迎え。各駅で横断幕と手旗での歓迎も行われる。17時38分、米子駅に到着する。ここでは日本旅行が用意した特典があり、忙しい。特典とは、米子駅名物駅弁「吾左衛門鮓《ござえもんずし》」と「星空舞《ほしぞらまい》おにぎり」が「WEST EXPRESS 銀河」掛け紙で予約販売されることだ。10分停車で、ホームの駅弁屋から慌ただしく駅弁を受け取る。

米子駅出発後、4号車で特製弁当が配布された。こちらも「WEST EXPRESS 銀河」掛け紙弁当で味はなかなか。車掌から乗車記念証の配布も行われた。18時25分、根雨《ねう》駅到着。駅舎に金運で人気の金持《かねもち》神社の分祀が置かれ、参拝できる。日野町特産品の物販も楽しい。下校時間と重なったのか、学生たちが興味深そうに列車を眺める。33分停車後に発車、列車は21時25分に備中高梁《びっちゅうたかはし》駅に到着した。月邸さんが駅舎へ夜食を受けとりに行く。

下り「WEST EXPRESS銀河」が停車する生山駅で行われていた特産品の販売
撮影／坪内政美

備中高梁駅では、おもてなしの一環として、備中たかはし松山踊りなど伝統芸能が披露されていた
撮影／坪内政美

私は21時47分着の寝台特急「サンライズ出雲」を待ち受けた。駅の行先案内表示器に「WEST EXPRESS 銀河」「サンライズ出雲」の両列車が表示され、感動する。両列車の並びの写真を撮るべく乗客たちが列車前方に移動した。

私は前方に移動せず、列車最後尾でカメラを向けた。「WEST EXPRESS 銀河」は前照灯の光が強いので、後方からの方が写真を撮りやすいからだ。夜食に事前予約した「鮎寿司」と「揚げピザ」を購入した。どちらも美味だが「鮎寿司」は特に絶品でおすすめ。

備中高梁駅を出発すると、翌朝まで営業停車はないが、22時42分より中庄《なかしょう》駅に1時間半、2時から大久保駅に3時間ほど停車する。就寝時間中はほぼ停車しているので揺れず、寝心地は最高だ。

5時にフリースペース「彗星」に行くと、西園寺さんとMさんが待機している。大久保駅の運転停車中にお二人と下り「サンライズ瀬戸・出雲」を見送るともう朝。夜行列車旅の終わりがもの寂しさを感じさせた。

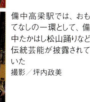

サンライズ出雲
イラスト乗車記

サンライズ出雲
停車駅・時刻表

	沼津《ぬまづ》	熱海《あたみ》	横浜《よこはま》	東京《とうきょう》
下り	23：39発	23：23発	22：15発	21：50発
上り	5：27発	5：45発	6：45発	7：08着

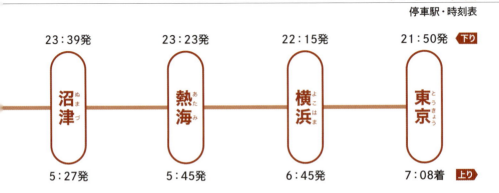

三《さん》ノ《の》宮《みや》	大《おお》阪《さか》	浜《はま》松《まつ》	静《しず》岡《おか》	富《ふ》士《じ》
←	←	1：12発	0：20発	23：53発
0：11発	0：33発	→	4：40発	5：10発

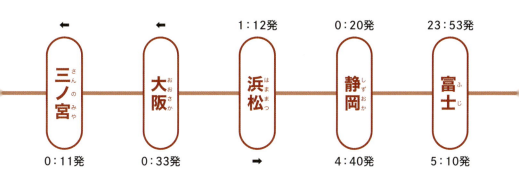

サンライズ出雲
イラスト乗車記

※岡山駅の駅弁予約は現在行われておりません。

	新見《にいみ》	備中高梁《びっちゅうたかはし》	倉敷《くらしき》	岡山《おかやま》	姫路《ひめじ》
下り	7：44発	7：14発	6：47発	6：34発	5：26発
上り	21：20発	21：48発	22：14発	22：34発	23：33発

9:58着	9:46発	9:31発	9:14発	9:05発
出《いず》雲《も》市《し》	宍《しん》道《じ》	松《まつ》江《え》	安《やす》来《ぎ》	米《よな》子《ご》
18:51発	19:06発	19:24発	19:46発	19:56発

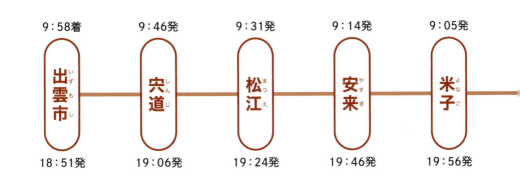

WEST EXPRESS 銀河

イラスト乗車記

WEST EXPRESS 銀河

停車駅・時刻表

玉造温泉《たまつくりおんせん》	宍道《しんじ》	出雲市《いずもし》
16：30発	16：16発	16：00発 上り
9：01着	9：15着	9：31着 下り

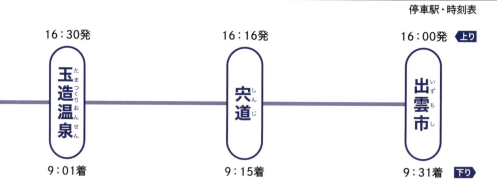

米子《よなご》	安来《やすぎ》	松江《まつえ》
17：48発	17：29発	17：05発
7：46着	8：04着※	8：45着

※金曜始発となる列車は8:26着

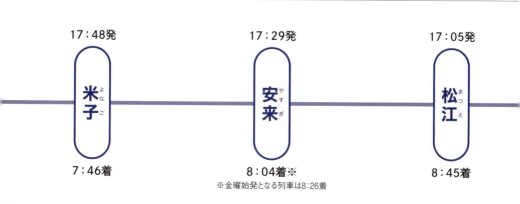

WEST EXPRESS 銀河
イラスト乗車記

22：00発 備中高梁《びっちゅうたかはし》 ➡

⬅ 生山《しょうやま》 6：02着

上り 18：58発 根雨《ねう》 ➡ 下り

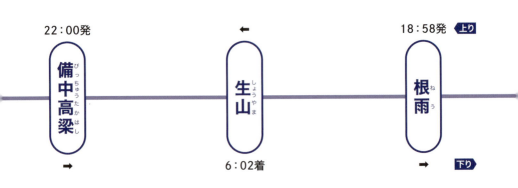

「ファーストシート」の昼間状態です。横幅が広く、ゆとりある向かい合わせ座席で、夜行運転時はこの広いスペースを１人で利用します。

背もたれを前に倒すとその背面が幅70cmの寝台に。やや堅めですが、寝心地は良好です。

座席と座席の間には、大きな荷物置き場も。座席上にも荷だながあります。寝台状態では寝台の下にも荷物を置くことが可能。

寝台と座席の転換が簡単で、戸惑うことがありません。大きなテーブルや、充実したコンセントとUSBポートも便利でした。照明も美しいデザイン！

設備全体をカーテンで仕切ることができます。

1号車へ移動
グリーン車指定席「ファーストシート」は、夜行運行では寝台にもできるグリーン車。欧州鉄道の１等車を思わせる高級感ある内装に圧倒されます。ギミック豊富で楽しい設備です。

グリーン車なのでシーツと掛布団に加え、クッションも！

←元祖ブルートレイン20系２等（Ａ）寝台とも類似した構造です。

中央通路で、左右の向かい合わせ座席が寝台となる構造は、かつての開放形Ａ寝台と同じですが、ファーストシートには上段寝台はなく、よりゆったりとした構造です。

車端部には快適なソファが配置されたグリーン車客専用ラウンジもあります。

とてもお洒落で、落ち着きのある歓談場所！

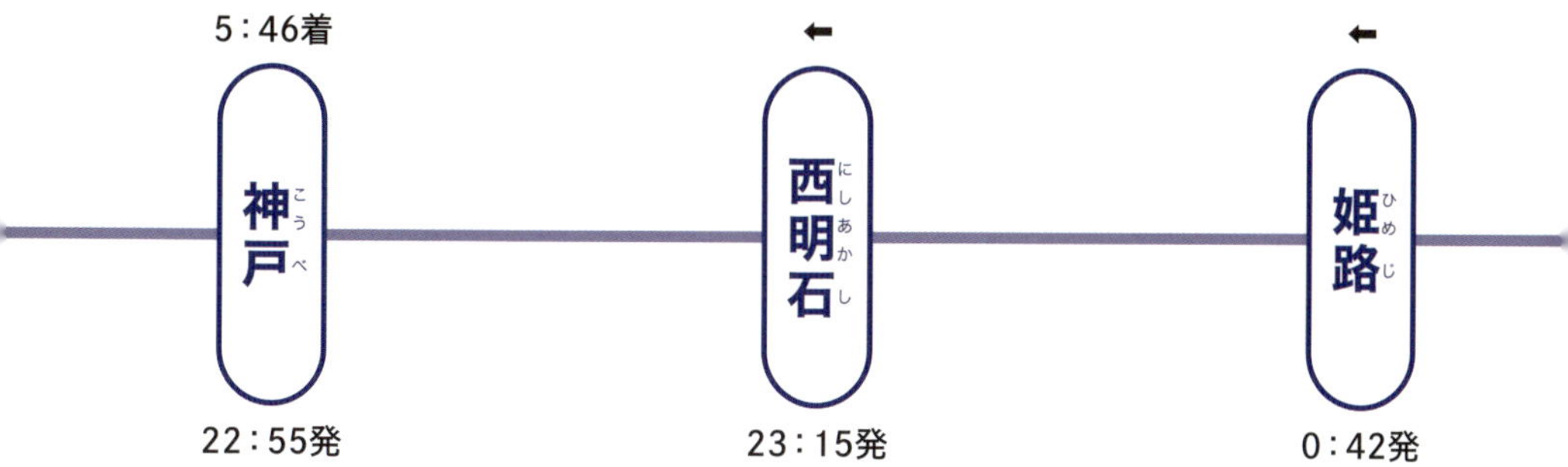
5：46着
神戸《こうべ》
22：55発
←
西明石《にしあかし》
23：15発
←
姫路《ひめじ》
0：42発

6：12着　　5：50着 上り

新大阪《しんおおさか》　大阪《おおさか》　三ノ宮《さんのみや》

22：17発　22：28発　22：51発 下り

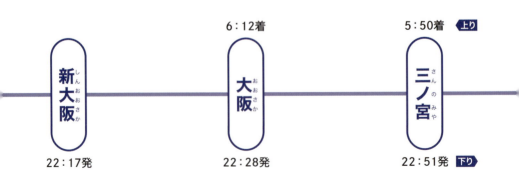

列車内でお世話になったMさん、Nさん、Yさん、西園寺さん、ありがとうございました。

京《きょう》都《と》

21：15発

※「WEST EXPRESS 銀河」の停車駅・時刻表は取材当時のものです

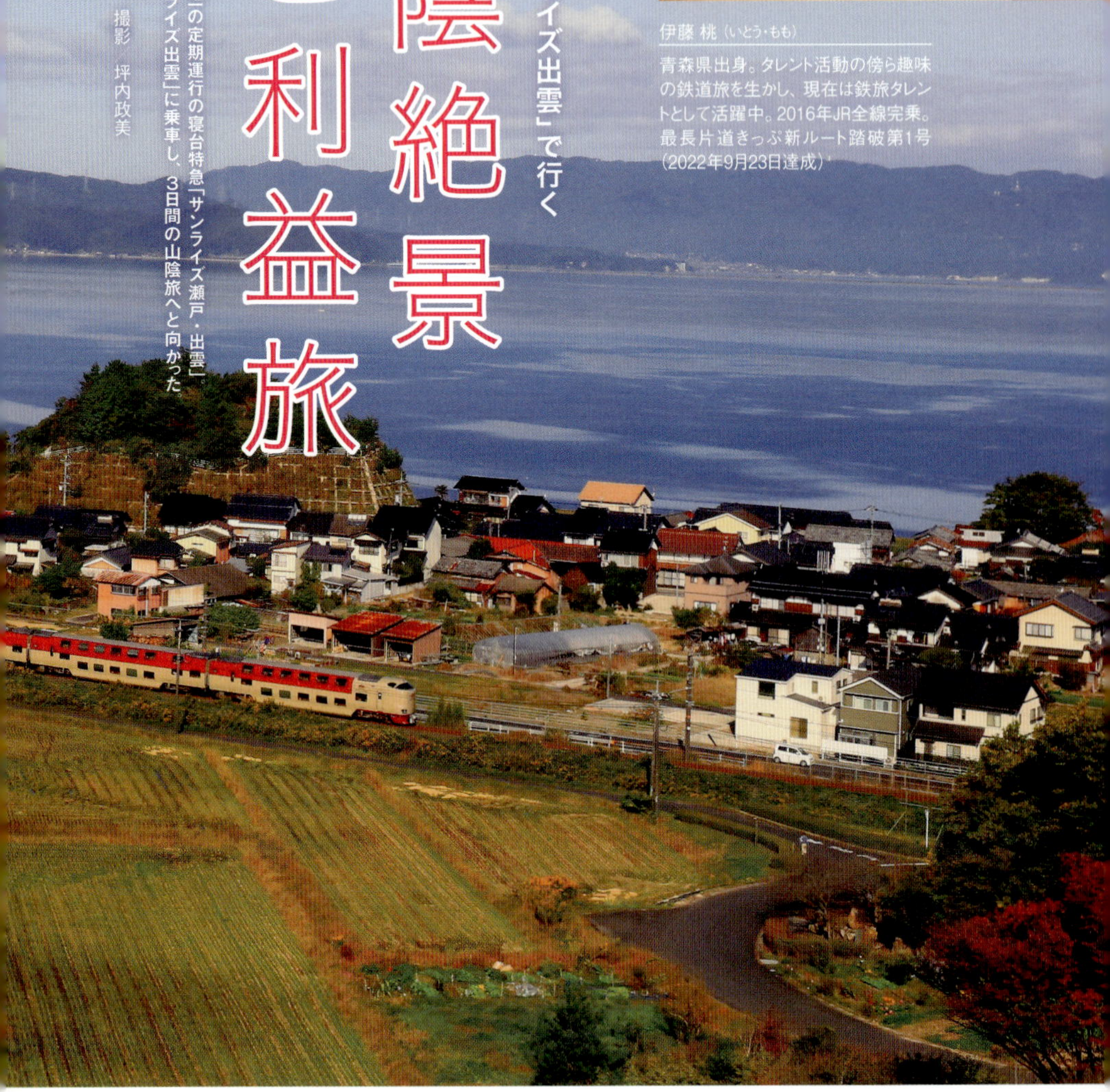

寝台特急「サンライズ出雲」で行く

山陰絶景ご利益旅

日本に残る唯一の定期運行の寝台特急「サンライズ瀬戸・出雲」。
今回は「サンライズ出雲」に乗車し、3日間の山陰旅へと向かった。

文／伊藤 桃　撮影　坪内政美

伊藤 桃（いとう・もも）

青森県出身。タレント活動の傍ら趣味の鉄道旅を生かし、現在は鉄旅タレントとして活躍中。2016年JR全線完乗。最長片道きっぷ新ルート踏破第1号（2022年9月23日達成）

中海を背景に揖屋～荒島間を走る寝台特急「サンライズ出雲」

1日目｜乗客の夢を乗せていざ出発！

ビルの灯りが華やかな東京から、約12時間をかけて「神話の国」出雲へ。夜を越える旅がここから始まる

夜の帳に思いを馳せて「神々の国」出雲へ

時刻はまだ、ビルの灯りもきらめく21時30分前。多くの人が忙しなく行きかう東京駅に、お目当ての列車が入ってきた。その名も「サンライズエクスプレス」。現在残る、唯一の定期運行している寝台特急だ。四国方面へと向かう「サンライズ瀬戸」もあるが、今回は、夜の街を駆け抜け山陰地方へと向かう「サンライズ出雲」に乗車してきた。ホームから列車を見上げると、一つの窓に嬉しそうに顔を寄せ合う乗客の姿が見えた。現在、このチケットは発売してすぐにほとんど売り切れてしまうほどの大人気。かつては、こうして夜発の列車はざらにあったが、今残るはこのサンライズのみ。そのサンライズも、走り始めて今年で25年と車両の老朽化が進んでいる。〝推しは乗れるうちに乗ろう〟、そう思いつつ列車へと乗り込んだ。

21時50分、列車が発車してすぐにまずはラウンジへ。個室が主なサンライズだが、このラウンジでは友人と語り合うこともできる。晩酌をしつつ、にこやかに語り合う人々をしり目に、私のお目当ては「シャワーカード」だ。今回私が乗車したA寝台「シングルデラックス」には車両内にシャワールームがあり、無料で入ることが出来るのだが、プラチナチケットのシャワーカードの売れ行きが気になってしまってついつい見てしまう。案の定のソールドアウトに、安定感を覚えながら今回の〝お宿〟へと向かった。

入って、その広さにまず驚いた。サンライズの中で一番大きい部屋ということもあり、大型テーブルにコンセント、洗面所までついている。85㎝と幅が広いベッドにかかっているのは羽毛布団。そしてなんといっても、車窓を独り占めできる大きな窓が魅力的だ。アメニティセットも付いており、前述したように専用のシャワールームも使える。出雲市までは約12時間の旅、これだけ至れり尽くせりで旅できるのはありがたい。

さて、賑やかな街を抜け、だんだんと郊外の街並みへ。当然まだ終電前なので、駅には帰宅途中の方々の姿が見える。私はこれから、出雲へと行くのだと思うと不思議な心持がした。寝支度を整え、ベッドにごろり。私だけの特別な空間でぼんやりと窓を見上げた。部屋の明かりを自分で調整できるので、夜の車窓を楽しめるのも寝台列車の魅力の一つ。走行音ですらも、今この部屋の音は私だけのものだ。

そして、島田駅付近でみえた車窓に思わず息をのんだ。空には一面の星空。木星やオリオン座はもちろんのこと、名も知らない小さな星たちもきらめいている。空は暗く、時折通る電灯や駅の明かりがまぶしいほどだった。まさに、〝銀河鉄道〟。大好きな曲を静かにBGMで流しながら、この景色を心に刻みたいと一心に空を見上げた。

眼下に広がる山陰の絶景
長い旅路で車窓を楽しむ

寝心地のいい布団ですっかり熟睡したあとは、おはよう放送で目が覚めた。やはり個室はおはよう放送もよく聞こえる。この日は4分おくれの6時31分に岡山駅に着いた。この岡山駅にて、サンライズは「瀬戸」と「出雲」で切

シャワーカードは争奪戦!?

東京駅では、3号車と10号車で並ぶ人が多くいた。人々の目的は“シャワーカード”。この号車にはシャワールームがあり、330円のシャワーカードを購入すると誰でも利用できるのだが……。数に限りがあるため、あっという間に売り切れとなってしまう。裏技として、今回乗車したA寝台だと車両内にシャワールームがあり、確実に使用できる。

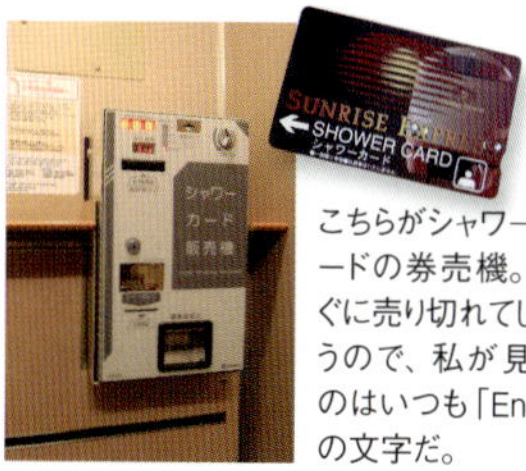

こちらがシャワーカードの券売機。すぐに売り切れてしまうので、私が見るのはいつも「End」の文字だ。

り離されて別々な方向へと向かう。多くの人がカメラを構える大人気の切り離し作業なのだが、今回の私の目当ては駅弁。車内では、飲料の自動販売機のほかには車内販売がないので、朝食をゲットできるのはこの岡山駅だけ。6時25分に開店する売店が、サンライズが停車するホームにあるので大急ぎで朝食を調達した。

倉敷駅を出ると、列車は伯備線に入る。だんだんと山景色に変わっていく車窓を見ながら、駅弁をいただいた。

伯備線では高梁川に沿って走っていく。山間の城下町がある備中高梁駅をすぎると、いよいよ険しい流れになってきた。朝の山々には霞がたゆたい、その下を澄んだ川が流れていく。まるで絵画のような幻想的な眺めだった。

伯耆大山《ほうきだいせん》が見えてくると、伯備線の終点も近い。この先、列車は山陰本線の区間に入る。山陰本線での最初の停車駅は米子駅。朝9時をまわっていることもあり、ここから先は車内放送で

車掌さんが検札にきた。聞くと、今日は満席とのこと。10月の出雲大社は“神在月”とのことで、特に人気だそう

専用の浴衣に着替えてリラックスタイム。まさに、走るホテル。この空間は私だけのものだ

シングルデラックス内には洗面所もついている。個室内で洗顔などもできて、非常に便利

大きな窓で、すぎゆく夜の街を眺める。だんだんと寝静まっていく街、だれもいない深夜の駅、そんな車窓を独り占め

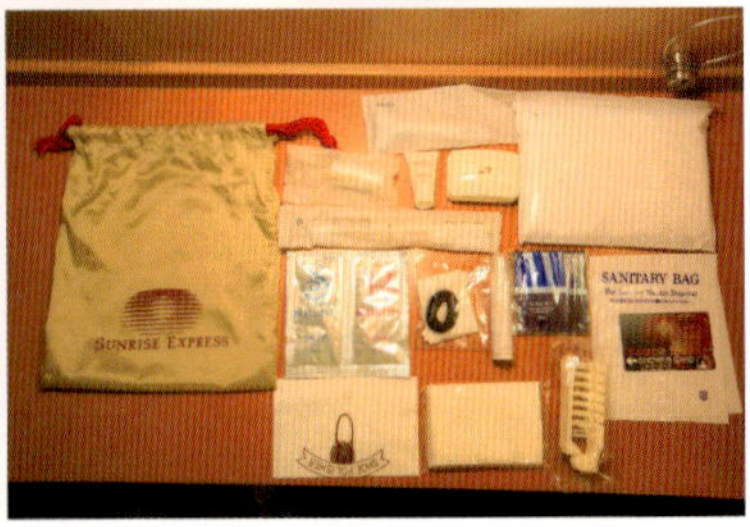

こちらがシングルデラックス専用のアメニティ。シャワールームにはタオルがないのでありがたい。痒い所に手が届くラインナップ

沿線の見どころをアナウンスしてくれる。寝台特急から〝昼〟を走る特急としても、「サンライズ出雲」の下り列車は楽しめる。

米子駅を出てすぐ、右手にまるで海かと見間違うような大きな湖が見えてくる。日本で5番目に大きい湖、中海《なかうみ》だ。その先にある宍道湖《しんじこ》も日本で7番目の大きさを誇る。2つとも日本海とつながる汽水湖で、シジミの名産地としても有名だ。

宍道駅を出ると、湖から街中へと車窓が変わる。終点の出雲市駅はもう次だ。長いように思えた12時間の旅も、またあっという間に終わってしまった。明るくなって改めて車内をみると、ところどころに修理した跡が見受けられる。「まだ頑張ってくれよ」と思いつつ、「神々の国」出雲へと降り立った。

これがサンライズで一番豪華な部屋、シングルデラックスだ!寝台料金は13980円。広さ、設備どれをとってもお値段以上

個室の中から車窓を眺めると、不思議な心持がした

特別な「神在月」に出雲大社でご縁を祈る

出雲に来たからには、やはり出雲《いづも》大社《おおやしろ》を詣でたい。JR出雲市駅から目と鼻の先に、一畑電車の電鉄出雲市駅がある。ここから出雲大社前駅まで列車がでているのだ。観光地としての人気は知っていたが、駅改札に人が並んでいたのには驚いた。これには理由がある。正確には旧暦なので今の暦だと11月なのだが、出雲の10月は〝神在月《かみありづき》〟。全国の八百万《やおよろず》の神々が、出雲へ集まるという伝承があり、多くの人が参拝に訪れるのだ。

やってきた2100系電車は元京王電鉄の5000系。一度引退した後に、こうして出雲の地へ。それがハロウィン仕様に可愛らしく飾り付けられていた。心なしか、車両も嬉しそう。ゴトゴトとのどかな田園風景の中

一畑電車

電鉄出雲市から出雲大社前、そして松江しんじ湖温泉をつなぐ一畑電車。映画『RAIL WAYS 49歳で電車の運転士になった男の物語』の舞台にもなった、島根県唯一の私鉄だ。乗車したのはハロウィンの装いに着飾った、元京王電鉄5000系。新旧様々な車両があるのも魅力の一つ。

2日目

一畑電車で出雲めぐり

出雲大社駅前

1930年に、大社線の開通とともに建てられた出雲大社前駅。モダンな洋風建築となっており、駅待合室にはカラーグラスからの光が注いでいた。現在は出雲大社への玄関口として、多くの人でにぎわっている。

粟津稲生神社

出雲大社前に向かう途中、田園風景の中に赤い鳥居が連なる姿が見える。こちらは粟津稲生神社。迂回して線路をひけなかったので、鳥居と本殿の間を列車が通り抜ける面白いスポットだ。

住所：島根県出雲市平野町921
電話：なし
交通：一畑電車大社線高浜駅から徒歩約10分

出雲大社　現在は“縁結びの聖地”として有名な出雲大社。日本神話との関わりも深く、縁結びの御利益がある大国主大神様を始め、数多くの神様が祀られている。

住所：島根県出雲市大社町杵築東195
電話：0853-53-3100（受付時間8:30～17:00）
交通：一畑電車出雲大社前駅から徒歩約8分

を走り抜け、約20分、出雲大社前駅に到着。国の登録有形文化財にも指定されている駅舎も見どころだが、錆《さ》びた鉄の上屋《うわや》に味があるホームもポイント。このホームには、映画『RAILWAYS 49歳で電車の運転士になった男の物語』にも使われたデハニ50形も静態保存されており、だれでも気軽に車内に入ることができる。ファッションブランドBEAMSによる「ビームスジャパン出雲」も併設されており、往来の賑わいを感じられる。出雲大社前駅から出雲大社までは、徒歩約8分。参道には様々な土産屋や飲食店が立ち並び、道すがらも楽しませてくれた。

　出雲大社に詣でるのは、もう何回目になるのだろう。〝縁〟が大事な仕事ゆえに、いつも念入りにお参りしてしまう。〝縁結びの聖地〟として名高い出雲大社

名物「出雲そば」を食べる

　出雲といえばやはり「出雲そば」。こちらの荒木屋さんは、江戸時代から240年以上の歴史を誇る、出雲そば最古のお店だ。そばの実を甘皮ごと挽いた香り高くコシが強い麺を、様々な薬味で味わえる。

出雲そば　荒木屋
住所：島根県出雲市大社町杵築東409－2
電話：0853-53-2352（受付時間11:00～16:00）
交通：一畑電車出雲大社前駅から徒歩約10分
営業：11:00～16:00（そばが無くなり次第終了）
定休日：水曜日

奥に見えるのは、「天下無双の大廈」と称えられる御本殿。現在の御本殿は1744年に建立したもので、国宝に指定されている。

八百万の神々が出雲へ集まる「神在月」に様々なご縁を祈る

だが、この縁は色恋沙汰だけではなく、〝結びつき〟としての意味があるそう。入念にお祈りして、神社内を散策した。本殿までの参道には、神話に紐づいた「因幡《いなば》の白兎」の石像が飾られている。そのほかにも、拝んだりハートを抱えたりと、様々なうさぎの像がいた。可愛らしい石像に、思わず顔がほころぶ。こちらは、奉納という形で参拝者が納めたものだそう。神社の方日く、ご年配の方には由緒ある「因幡の白兎」が、若者には愛らしい新しい石像が人気だとか。神社内には、数々の神様が祀られているので、じっくりお参りするには1日かけることがお勧め。本殿は聖地のため入ることはできないが、外からその様を覗くことが出来た。少し歩いた先にある神楽殿は神殿として使用され、結婚式をはじめ様々な祭事行事が執り行われている。まさにちょうど神前式を上げるお二方もいた。幸せのお裾分けを感じながら、次の目的地へと足を運ぶのであった。

「朝陽」と「夕陽」どちらも堪能できた一日

出雲大社前駅をでたあとは、再び一畑電車に乗り今度は松江しんじ湖温泉駅を目指す。やってきた列車は7002号。この車両は、「出雲の風景」がテーマのデザインで、2番は宍道湖がテーマだ。車内にはテーマにあわせて、シジミを抱えた島根県観光キャラクター「しまねっこ」

宍道湖
夕日スポット とるぱ

車窓からも見える宍道湖は、周囲が約45kmにおよぶ日本で7番目に大きな汽水湖。ポツンと浮かぶ嫁ヶ島が、夕景を引き立てる。日本夕陽百選に選ばれた、自然が織りなす極上のショーだ。

住所：島根県松江市袖師町5
電話：なし
交通：一畑電車松江しんじ湖温泉およびJR松江駅からバス

が飾られている。そのテーマ通りに、園《その》駅を出ると右手の車窓には、再び宍道湖が広がる。お次の一畑口駅は、珍しい平坦スイッチバックの駅。レトロな味わいの木造駅舎もたまらない。時刻は16時前。だんだんと夕暮れに近づく空と宍道湖を眺めつつ、列車はひたすらに東を目指す。終点の松江しんじ湖温泉駅からは、観光ループバス「ぐるっと松江レイクライン」が出ている。このバスに乗って約20分。向かう先は宍道湖を望める嫁ヶ島夕陽公園だ。平日にも関わらず、夕陽を待ち構える人々で湖畔は賑わっていた。私も、その中に交じってひたすらにシャッターを切る。ただ太陽が沈むだけ、だけど空は1分ごとに様変わりしていく。空に浮かぶ雲さえも、夕陽を彩るアクセントの一つだ。〝朝陽〟で始まり〝夕陽〟で終わる1日は、なんて贅沢なんだろう。幸せな気持ちで今日の宿へと向かった。

美しい夕陽を前にシャッターを切る手がとまらなかった

2日目 出雲市～米子

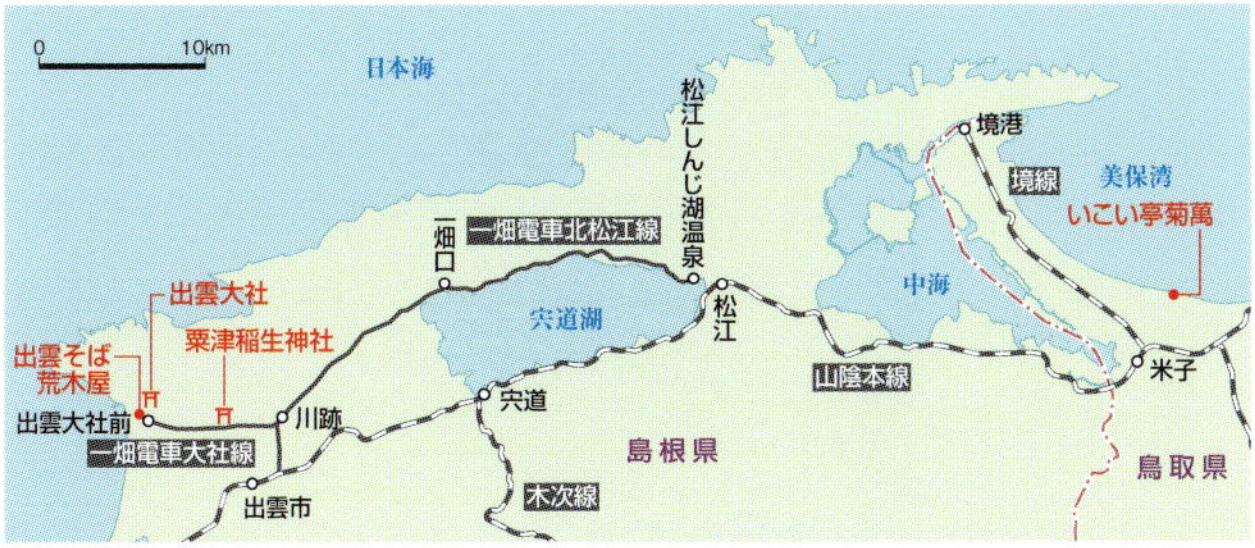

3日目

「妖怪」と海の街

境線
米子駅から境港市の境港駅を約50分かけて結ぶ境線は、「ゲゲゲの鬼太郎」一色。実に6種類ものラッピング車両が走り、車内アナウンスは各キャラクターのアニメ声優が担当している。今回乗車したのは「ねずみ男」車両だ。

3つの神社参拝と途中の絶景
山陰を楽しんだ3日間の旅

　3日目の出発駅は、米子駅。今年の夏に供用開始したばかりの駅舎が、まばゆい。米子駅から乗車するのは境線。「目玉おやじ」が描かれた案内図に導かれて0番ホームへ向った。この境線の終点がある境港市は、水木しげる先生の出身地。そのため、この境線は水木しげる先生一色なのだ。座席には撮影スポットもある、可愛らしい鬼太郎列車に揺られて、終点の境港駅を目指した。

　境港駅の駅前には、水木しげる作品のブロンズ像が並び、水木しげるロードが伸びている。お土産屋さんも数多くある中、私が訪れたのは「妖怪ショップゲゲゲ」。店内には、手作りの品を始め鬼太郎グッズが並び、さらに妖怪を模したマスクで記念撮影もできる。こちらには水木しげる先生も何度となく訪れており、気さくに来客と話していたそう。

　そして、この境港に訪れたらぜひ訪れたいスポットがある。境港駅からバスで行くことができる美保神社だ。向かう途中、バスからは美しい日本海の眺めが見られる。この神社も海の近くにあり、バスを降りるとふわっと潮の香りがした。かつてメインストリートだった石畳の参道の軒先には、名物であるイカが干されており、その場で食べることもできる。他にも、国の

妖怪神社
水木しげるロードにある妖怪神社には、先生が黒御影石と樹齢300年の欅に入魂したご神体が祀られている。参拝すると、妖怪たちの妖力がご利益を授けてくれるとか……。

住所：鳥取県境港市大正町62−1
電話：0859-47-0520（受付時間10:00～18:00）
交通：JR境港駅から徒歩約4分

美保神社
海と音楽に縁ある「えびす様」が祀られている美保神社。出雲大社の大黒様と合わせて「えびすだいこく両参り」と呼ばれ、併せてお参りすることでさらにご利益が増すといわれている。

住所：島根県松江市美保関町美保関608
電話：0852-73-0506
交通：JR境港駅からバス

美しい海を臨む美保関
また一つ、好きな場所ができた

雨で濡れると淡い青色になることから名づけられた「青石畳通り」。かつてはここが本通りであり、その賑わいの面影を感じられる

境港の新鮮な海の幸

「海陽亭」では天然海水を使ったいけすがあり、さばき立ての鮮魚をいただける。中でもお勧めは「活イカ姿造り」。お刺身のほか、ゲソはフライにしてくれてイカを大満喫した。

海陽亭
住所：鳥取県境港市昭和町9－5
電話：0859-30-4500
交通：JR境港駅からバス、タクシー
営業：10：30～16：00（L.O.15:00）
定休日：火曜日

3日目 米子周辺

文化財に泊まれるお宿もあり、レトロな味わいを楽しめる。また一つ、好きな場所が増えた。

夜を駆ける寝台特急に乗って、東京から一気に「神の国」出雲へ。「サンライズエクスプレス」ならば、日中から自由に観光もできる。忙しない日々を離れ、少しだけ贅沢旅。「サンライズ出雲」で、山陰へ訪れてみてはいかがだろうか。

Sunrise Seto

最後の定期寝台特急を追跡「サンライズ瀬戸」の旅

文／植村 誠

ついに最後の定期寝台列車になってしまった「サンライズエクスプレス」。
新時代の夜行列車として一世を風靡し、いままた広く脚光を浴びる。
その魅力を再認識すべく、東京駅から「サンライズ瀬戸」に乗り込んだ。

朝日を浴びながら瀬戸大橋を渡る。「サンライズ瀬戸」
最大のハイライトだ（撮影／牧野和人）

東京駅で出発を待つ「サンライズ瀬戸・出雲」。

SNSにアップするのか、最近は列車の顔を撮影する人をよく見かけるが、「サンライズ」はとくに多い列車のひとつ。寝台列車に特別さを感じる人が多いのだろう（撮影／編集部）

通勤電車を横目に……

東京駅9・10番ホームは、いまだ帰宅ラッシュの余韻のさなかにあった。上野方面からやってきた普通列車に帰宅者たちの行列が吸い込まれ、横浜方面へと駆け出してゆく。

そんな情景を横目に缶ビールと軽食を仕入れる。こういうときの買い物はなぜか気分が急いてしまう。こんな夜汽車の旅立ちを、これまでどれだけ積み重ねてきただろうか……。

「9番線に当駅始発、寝台特急『サンライズ瀬戸』高松行き、『サンライズ出雲』出雲市行きが参ります」

案内放送とともに、帰宅客と異なるいでたちの人々が活気づいた。「あれっ、高松行き？　琴平行きじゃないの？」と列車案内板に目をやると、案内板には琴平の名があってホっとする。今夜の「サンライズ瀬戸」は、通常の高松ではなく琴平行き。週末を中心に延長運転が実施されているのである。

残業帰りのサラリーマンが
残るホームを横目に、都心
を一気に駆け抜けていく
（撮影／金盛正樹）

ほどなく、品川方からベージュとマルーンの塗色に彩られた14両の電車が入線してきた。285系電車7両編成の併結運転。行先表示に「高松・琴平」とあるのを確認して車内へと乗り込むと、木目と暖色系で統一された空間が待っていた。絨毯敷きの通路を包む穏やかな照明。そこに個室の扉が並ぶ。ホテルにたとえるのは簡単だが、大衆的な寝台車両としては世界トップレベルの空間を実現したのではないだろうか。

はやる気持ちを抑えつつ1号車3番の扉を開ける。1人用B個室シングルの1階室が今夜の居室だ。室内の大半をレールと並行に設えられたベッドが占めるが、側窓が広く個室内のヘッドクリアランスも十分に確保されているため圧迫感を感じさせない。これは

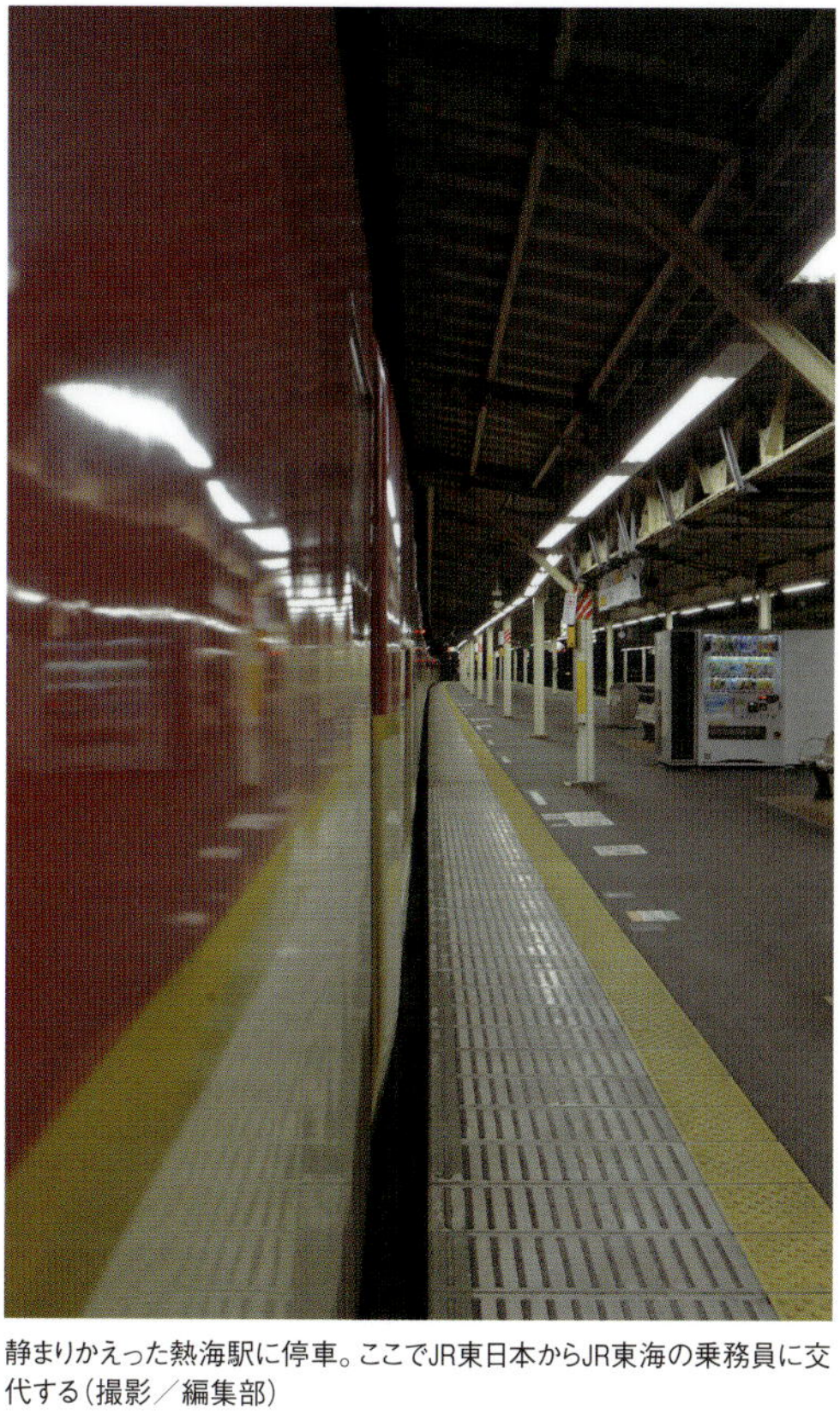

静まりかえった熱海駅に停車。ここでJR東日本からJR東海の乗務員に交代する（撮影／編集部）

明るくなった岡山駅に到着する「サンライズ瀬戸・出雲」。ここで分割作業が行われる（撮影／牧野和人）

285系「サンライズエクスプレス」がダブルデッカーを採用した恩恵でもある。

寝台車の多層構造はむしろ常識だが、フロアそのものを2階建てにした寝台車は285系がはじめてであろう。窓の日よけを開けるとすぐ目の前がホーム。2階ならば展望も楽しめるが、この穴蔵感もまた悪くはない。

室内検分を楽しみつつふと窓に目を向けると、列車が東京駅ホームを離れるところだった。なんら動揺を感じさせない滑り出しと順調な加速はまさに電車。ブルートレインとはひと味異なる旅立ちである。

「本日はご乗車いただきましてありがとうございます。この列車は……」

「サンライズ瀬戸」から順に停車駅が告げられ、臨時に琴平まで運転されることにも触れられた。琴平到着は8時39分。10時間49分の旅路である。

車内改札を済ませたところで車内探索に出かけることにした。気が早いようだが、実はシャワーカード入手が第一の目的。カードの争奪戦になっているのではないかと思ったのだ。改札中の車掌を追い抜くようにして3号車へと急ぐ。以前は車掌が販売していたのが自販機に切り替わっていて戸惑ったが、無事にカードを確保することができた。

「ふぅ〜……」

ともあれミニロビーで乾杯！　シャワー室に隣接するパブリックスペースで、こぢんまりとした展望室ふうにベンチが設えられている。

「シャワー券は買えましたか？」

女性ふたり組から声がかかる。どうやら、私が券売機などを撮っているのを眺めていたらしい。東京在住のHさんとNさんで、「寝台列車に乗ってみたくて」四国旅行を計画したというタビテツ派。

「新幹線や飛行機とは違った落ち着きがあっていいですね」

我が意を得たり！　ではあるが、

分割作業を終え、前側に連結される「サンライズ瀬戸」が一足先に出発する（撮影／金盛正樹）

「車内販売がないのを知らなくて」と当方の缶ビールに視線が行くと、ちょっと申し訳ないような……。

「サンライズ」にはソフトドリンクの自販機しか備えられておらず、車内販売もないため乗車前の準備が必須。この点だけが残念ではあるが、「でも、想像以上にキレイで乗り心地がいい電車ですね！」と微笑まれると、無性にうれしくなってしまう。

快適な寝台列車を堪能！

「サンライズ」のデビューは衝撃的であった。夜行列車の概念と異なる「朝」のイメージ。2階建てメインの個室群。ひと目惚れをしてしまった私は初列車乗車に挑んだ。発売日に入手できなかった寝台券を丹念に追い回し、デビュー10日前に下り「出雲」シングルを確保。新時代の寝台特急を満喫したのち中国地方のローカル線を乗り回ったのである。

あらためて乗ってみると、その魅力はまったく衰えていないと思う。シャワー室のある3号車にはB個室ソロを配置、4号車はA個室シングルDXと2人用B個室サンライズツインからなるハイグレード車。5号車はカーペットカー「ノビノビ座席」とシングルで編成内唯一の開放室。ほかはシングルとシングルツインで、いずれも居住性は高い。

ほろ酔い加減で居室に戻り、夜の車窓を楽しむ。熱海、沼津、富士、静岡、浜松と深夜帯の停車を繰り返す。いずれの駅でも乗降がなかったようだが、熱海と浜松、さらに運転停車の米原でも車掌が交替。以前は東京〜岡山間をJR西日本の車掌がロングランしていたが、2015（平成27）年3月改正から自社内完結になったという。しかし、大半の乗客は深夜の交替とは無縁に夢の中なのであろう。

朝のシアターをのんびりと

朝ぼらけの車窓に明石海峡大橋がよ

ぎった。順調に山陽本線を西進しているようだ。しばらく起きるともなしに過ごし、姫路停車を見届けてから二度寝を楽しむ。

「みなさまおはようございます。あと20分ほどで岡山に着きます」

「サンライズ」に朝が訪れた。通路からも朝の気配が伝わってくる。

6時27分、岡山着。ここで「瀬戸」編成と「出雲」編成が切り離される。車内放送では5号車付近の売店が営業中である旨が伝えられ、朝食を買い込む姿もちらほら。

岡山は津山線や宇野線、吉備線のほか、赤穂線と伯備線、さらに新幹線を含むと9方面の要となる沿線屈指のジャンクション。早朝着の「サンライズ」は各方面との乗り継ぎの便が良い。

岡山から単独運転となった「サンライズ瀬戸」は、児島でJR四国の乗務員に交替。ほどなく瀬戸大橋へと突入すると、個室の窓に瀬戸内の展望が広がった。プライベートシアターからの

四国に上陸し、予讃線の端岡～鬼無間を駆け抜ける「サンライズ瀬戸」。高松まであと少し（撮影／牧野和人）

眺めはこの列車のハイライトだ。

四国最初の停車駅・坂出は松山方面と高知方面との接続駅。多度津乗り継ぎで琴平に先着する案内放送が入るが、もちろん急ぐ旅ではない。

行き違う８０００系などに四国を実感しながら予讃線を東進し、定刻7時27分に高松着。さすがに下車客が多いが、どれだけの人が琴平まで乗り続けるのだろうか。駅や車内放送では寝台券がないと乗車できない旨を繰り返し伝えている。

8時2分、琴平に向け発車。多度津と善通寺に足跡を印しながら琴平駅に7両の寝台車が到着した。周囲のローカルムードとレトロ感漂う駅舎。不思議な終着駅だった。

サンライズエクスプレス

乗車の心得Q&A

ちょっとした知識や工夫でより楽しめるのが汽車旅だ。そこでサンライズならではの利用のコツをQ&Aでピックアップ。サンライズの長・短所や知っておきたいポイントをおさえ、待望の夜汽車の旅を快適に過ごそう！

Q1 駅弁や飲み物は車内で買える？

A 車内販売はないので乗車前に用意。

車内はソフトドリンクの自販機があるだけで食べ物の販売は行っていない。そのため、弁当や軽食類、アルコール類は必ず乗車前に入手しておきたい。

東京駅構内の駅弁屋「祭」は、通常なら23時まで営業しているが、コロナ禍の時短営業で日祝日は21時閉店となる場合があるので事前にチェックしておこう。

以前は、岡山駅で予約した駅弁の受け渡しサービスを行っていたが、2020（令和２）年９月に終了しているので注意。売店での入手はできるが、停車時間も限られているので確実に朝食をゲットしたいなら乗車前に用意したほうがいいだろう。また、高松駅名物の「連絡船うどん」も21（令和３）年11月に閉店したので、こちらも注意したい。

Q2 シャワーを使うにはどうするの？

A 乗車したらすぐにシャワーカードをゲット！

サンライズの楽しみのひとつがシャワータイム。シャワーを利用するには330円のシャワーカードを購入する仕組みで、３・10号車にカードの自販機が設置されている。ただし、運転時間やタンク容量の関係で数量限定。自販機近くの車両から乗車して、真っ先にカードを入手するのも有効な作戦だ。

なお、A寝台のシングルデラックスはシャワーカード付きで、４・11号車にあるA寝台専用のシャワールームが無料で利用できる。また、シングルデラックスにはタオルや歯ブラシなどのアメニティセットが用意されているが、その他の個室やノビノビ座席にはタオルがないので持参しよう。

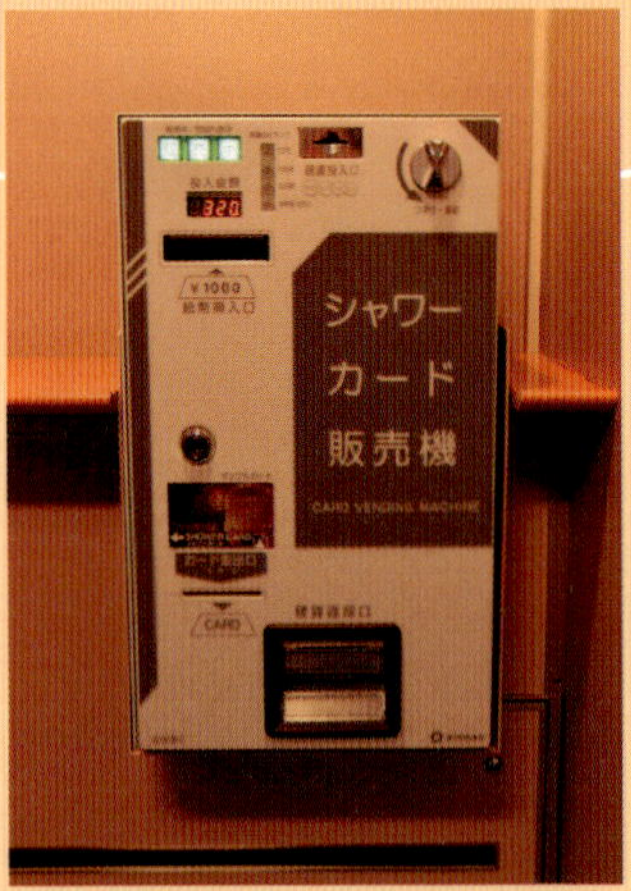

争奪戦が予想されるシャワーカードは早めに入手を!

Q3

繁忙期などに臨時列車は出る？

A 週末の琴平延長運転のほか、臨時「出雲」が運行。

「サンライズ瀬戸」は、金・土曜、祝前日などに限り琴平まで延長運転を行っている。また、GWや年末年始など繁忙期のみ「サンライズ出雲91号」(下り)、「サンライズ出雲92号」(上り)が臨時運行される。発着時刻や停車駅も変わり、下りも三ノ宮、大阪に停車。運転停車も多いため出雲市まで15時間以上かかり、寝台ファンにはうれしい長時間運行となる。

Q4

きっぷはネット予約できる？

A 「e5489(JRおでかけネット)」と「えきねっと」で可能。

サンライズの寝台券等は「みどりの窓口」で予約するのが主流だが、「e5489(JRおでかけネット)」と「えきねっと(JR東日本)」でも予約できる。ただし「えきねっと」はノビノビ座席のみが予約対象となっている。

ネット予約は自宅や旅先で予約・空席照会ができて便利だが、新幹線などのようにチケットレスで乗車することはできず、乗車前に紙の特急券・寝台券を発券しておく必要があるので注意したい。とくに「e5489」で予約した場合は、JR西日本とJR東海の一部窓口や指定席券売機でしか発券できない。首都圏で発券するなら、東京、品川、新横浜の東海道新幹線改札前にあるJR東海の指定席券売機等を利用することになるので、東京や横浜などから乗車する場合は発券できる場所を調べておきたい。「えきねっと」も、サンライズの場合はJR東日本管内のみの対応となるので注意しよう。

「e5489」サンライズ予約フォームURL
https://www.jr-odekake.net/goyoyaku/campaign/sunriseseto_izumo/form.html

列車番号		8031M	5031M	4031M	9011M
列車名		サンライズ瀬戸(下り)	サンライズ瀬戸(下り)	サンライズ出雲(下り)	サンライズ出雲91号
東京	発	…	2150	…	2221
横浜	〃	…	2215	…	2244
熱海	〃	…	2323	…	↓
沼津	〃	…	2339	…	↓
富士	〃	…	2353	…	↓
静岡	〃	…	020	…	↓
浜松	〃	…	112	…	↓
名古屋	〃	…	↓	…	↓
京都	〃	…	↓	…	↓
大阪	着	…	↓	…	604
	発	…	↓	…	606
三ノ宮	〃	…	↓	…	628
姫路	〃	…	526	…	721
岡山	着	…	627	↴	848
	発	…	631	634	851
倉敷	〃	…	‖	647	907
備中高梁	〃	…	‖	714	937
新見	〃	…	‖	744	1024
米子	〃	…	‖	908	1204
安来	〃	…	‖	917	1213
松江	〃	…	‖	934	1310
宍道	〃	…	‖	948	1327
出雲市	着	…	‖	1000	1340
児島	発	…	653	…	…
坂出	〃	…	710	…	…
高松	着	…	727	…	…
	発	802	↵	…	…
多度津	〃	826	…	…	…
善通寺	〃	833	…	…	…
琴平	着	839	…	…	…
列車番号			5032M	4032M	9012M
列車名			サンライズ瀬戸(上り)	サンライズ出雲(上り)	サンライズ出雲92号
高松	発	…	2126	…	…
坂出	〃	…	2144	…	…
児島	〃	…	2201	…	…
出雲市	発	…	‖	1857	1352
宍道	〃	…	‖	1910	1424
松江	〃	…	‖	1926	1447
安来	〃	…	‖	1943	1515
米子	〃	…	‖	1953	1525
新見	〃	…	‖	2119	1716
備中高梁	〃	…	‖	2149	1821
倉敷	〃	…	‖	2216	1851
岡山	着	…	2223	2232	1921
	発	…	2234	↵	1926
姫路	〃	…	2333	…	2104
三ノ宮	〃	…	011	…	2152
大阪	着	…	031	…	2215
	発	…	033	…	2229
京都	〃	…	↓	…	↓
名古屋	〃	…	↓	…	↓
浜松	〃	…	↓	…	↓
静岡	〃	…	440	…	↓
富士	〃	…	510	…	↓
沼津	〃	…	526	…	↓
熱海	〃	…	545	…	↓
横浜	〃	…	645	…	557
東京	着	…	708	…	623

Q5

車内でWi-Fiは使える？

A Wi-Fiサービスはない。充電器は必須アイテム。

サンライズ車内ではWi-Fiのサービスは行っていない。車内で映画などを見ようと思っているなら、予めダウンロードしておくなどの工夫が必要だ。個室にはコンセントがあるのでスマホやタブレット等のモバイルバッテリーや、充電用の電源タップ（アダプター）なども用意しよう。また、ノビノビ座席にはコンセントが設けられていないので注意。

充電器だけでなく電源タップやケーブル類も忘れずに　（撮影／金盛正樹）

Q6

遅延したらどうなるの？

A ほかの特急と同じく2時間以上の遅延で払い戻し。

長い区間を走るサンライズでは、遅延することはそれほど珍しくない。ほかの特急列車と同様に、2時間以上遅延した場合は特急料金が全額払い戻しになる。寝台料金は、運行後、朝6時以前に運転打切りとなった場合のみ払い戻しとなる。

途中駅で新幹線への振り替え輸送が実施されることもある（かつて当時走っていた「出雲」（上り）に平塚駅から振り替えになったケースも）。遅延時の対策は柔軟に取られているので、悪天候や事故などで大幅に遅延したら、案内放送などに注意し、落ち着いて対応しよう。

SUNRISE EXPRESS

Q7

初心者向けの寝台、予約が取りやすい寝台は？

A スタンダードなシングルがおすすめ。

お好みの寝台をどうぞというところだが、初めての利用であれば、サンライズのスタンダード設備となっているシングルをおすすめしたい。室内の大半をベッドが占めるシンプルな構造だが、上下階ともに違った趣きがあるので、往路と帰路とで乗り比べをしてみるのも面白そう。寝台券の枚数も最も多いため、比較的確保しやすいのもうれしいポイントだ。

数は少ないが平屋タイプのシングル（写真左）は専有スペースが広い乗り得設備の一つ。写真右は1階個室

サンライズエクスプレス

車内の楽しみ方

今や貴重となった夜行列車で過ごす夜。あなたはどう過ごす？
昼間はあまり見られない貨物列車とのすれ違いを楽しんだり、
おこもり感のある個室でゆったりと過ごしたり……。
「サンライズ」車内でのおすすめの過ごし方をご提案。

すれ違う貨物列車を見よう

進行方向右手の寝台や個室を確保して、夜間の対向列車とのすれ違いを予測してみよう。夜行列車が運行される路線はいずれも南北・東西を結ぶ大動脈なので、ひと晩中貨物列車の運行が絶えないのだ。公益社団法人鉄道貨物協会が発行する『貨物時刻表』があれば、おおよそのすれ違い時間を把握することができる。迫るEH500形電気機関車の重厚なモーター音や、車窓を流れるコンテナのカラフルな色を楽しんでみよう。

貨物時刻表をもとに、すれ違い時間を当てるゲームも楽しんでみたい

朝焼けが見える窓を確認し、寝台を確保するのがおすすめ

日の出、日の入りに合掌

闇夜を走る夜行列車で、車窓のクライマックスは夜明け。「国立天文台」のホームページなどで、あらかじめ日の出の時間を調べてから乗車し、鮮やかな朝焼けに合掌しよう。身も心も洗われる。空が明るみ始めるのは日の出時間のおよそ45分前。夏は東北東方向に日が登るので、地図で確認することで地平線や水平線に太陽が顔を出す瞬間を拝めそうだ。

光のアブストラクトを撮影

シャッターを開ける時間が長ければ長いほど、幻想的な光の競演が記録される

バルブ撮影機能のあるカメラで、車窓に流れる光を撮影しよう。光が渦巻く芸術作品が撮影できるかもしれない。ポイントは個室なら室内を消灯すること。そうでない場合は、レンズに手をかざすなどして窓に反射する室内灯をさえぎろう。手ブレも幻想的な世界を生みだすことがあるので、気にせずチャレンジを。被写体が暗くオートフォーカスが効かないときはピントをマニュアルで合わせ、数秒〜10数秒シャッターを開けて撮影してみよう。

ひとり時間を満喫しよう

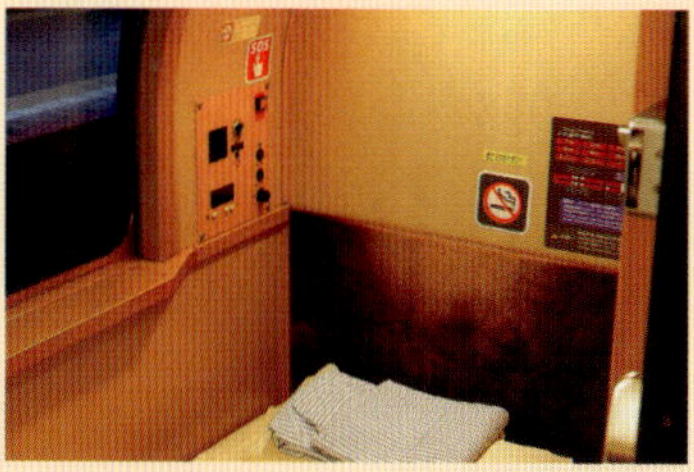

アラームは枕元のコントロールパネルで操作できる。途中駅で降りるならセットしておきたい

始発駅から乗るなら夜明けまで時間はたっぷりあるので、普段あまり時間がとれない読書や、あらかじめスマホやタブレットなどにダウンロードしておいた映画鑑賞をするのもいいだろう。昔の寝台列車に比べると走行音は静かだが、気になりそうならイヤホンを持参して音楽を聞いていればあまり気にならない。個室のコントロールパネルにはアラーム機能があるので、セットしておけばそのまま眠りについてしまっても安心だ。

サンライズエクスプレス

運用のヒミツ

「サンライズエクスプレス」に使われている285系は全5編成。運用ローテーションはそれぞれどうなっているのか解説してみよう。

文／植村 誠

「サンライズエクスプレス」の285系は、JR西日本（0番台3編成）とJR東海（3000番台2編成）の5編成が活躍中。車両番号とそのフォントが異なるほかは共通の仕様で、各編成が共通運用されている。

運用面では車両基地のある出雲市を拠点に、出雲市（サンライズ出雲）→東京（サンライズ瀬戸）→高松（サンライズ瀬戸）→東京（サンライズ出雲）→出雲市の順に4泊でひとつの行程をこなしている。両列車が併結運転となる東京～岡山間で「サンライズ瀬戸」が上下列車とも先頭側に連結されるのも特徴として挙げられるだろう。

予備編成を臨時列車として運用するケースもあり、年末等に運転される「サンライズ出雲91・92号」のほか、かつては「サンライズゆめ」（東京～広島・下関）などで充当された実績を持つ。

東海道線を走る285系。上りは岡山で2編成が併結され、東京まで長い14両で運行される

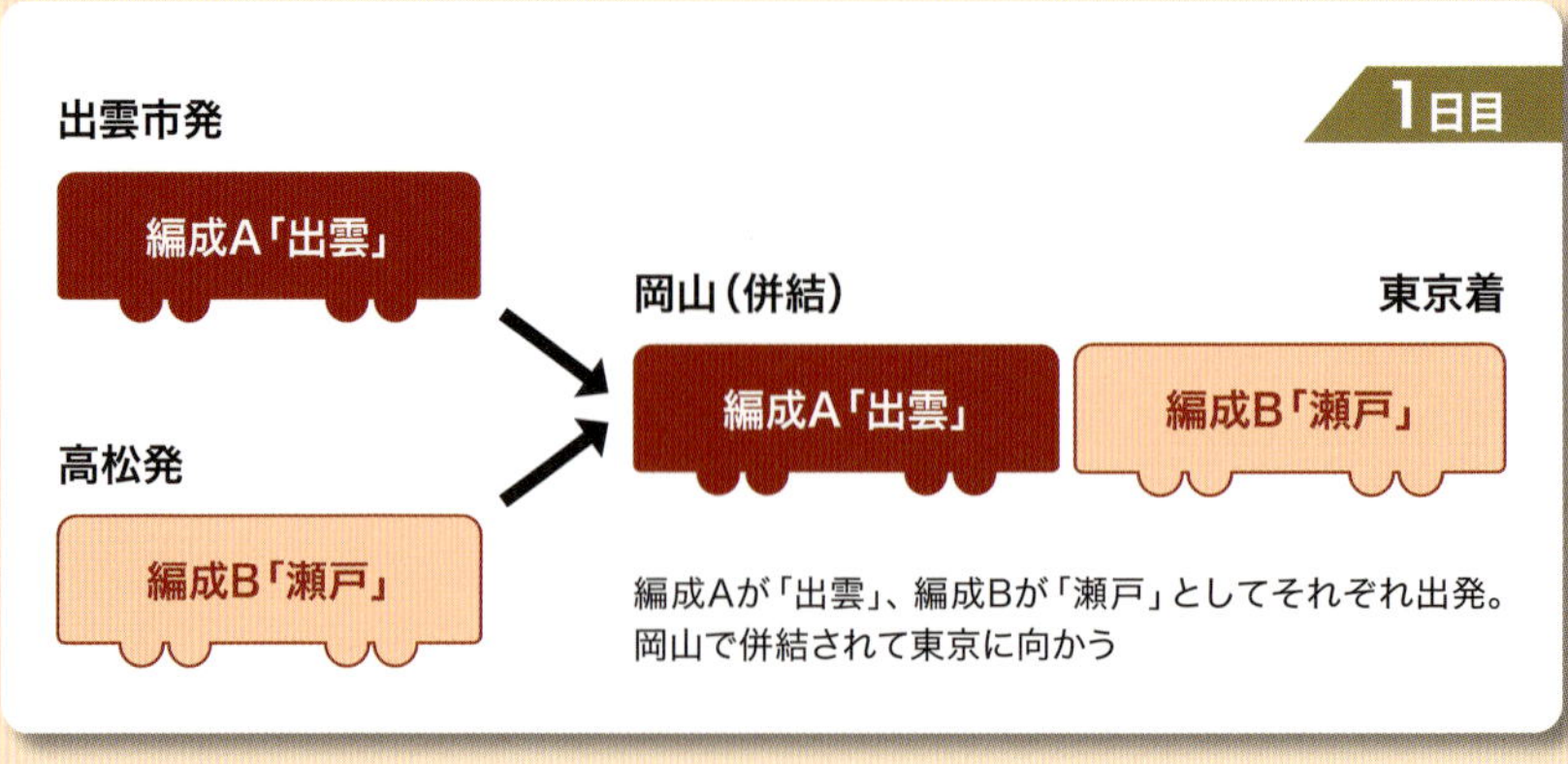

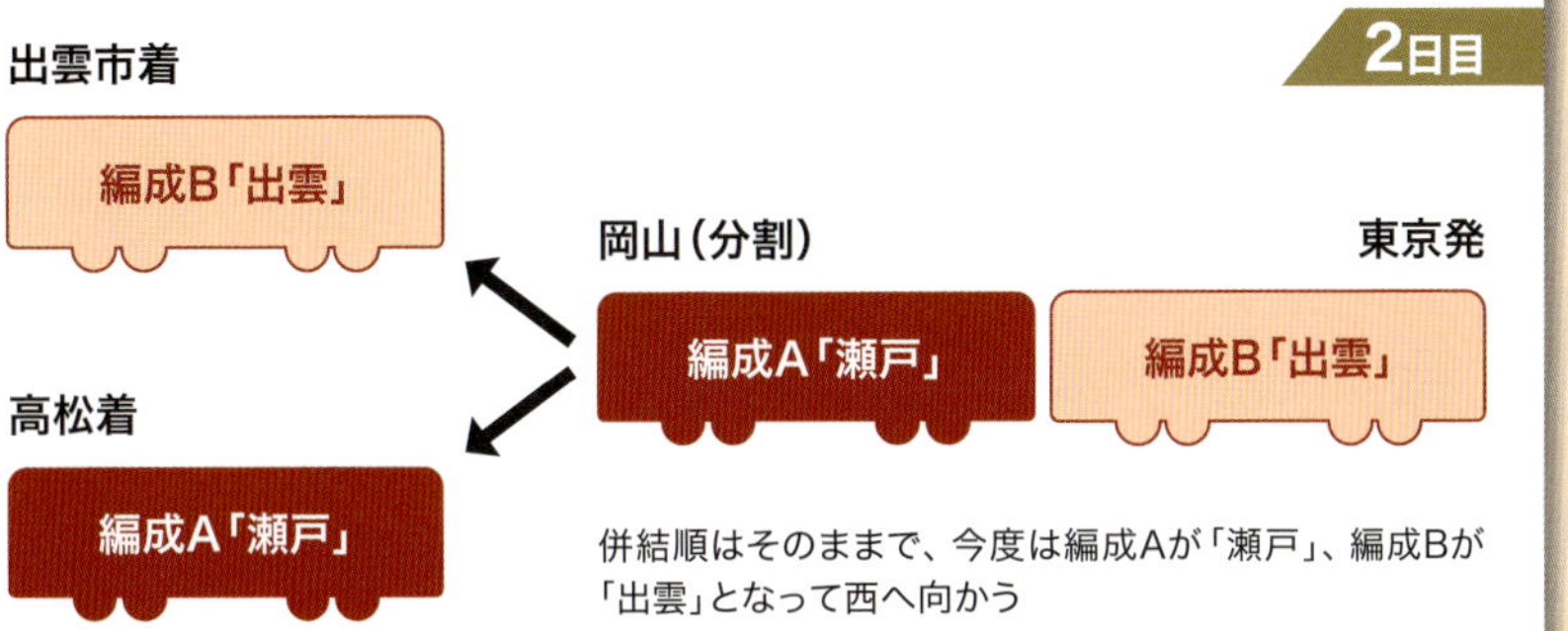

併結順はそのままで、今度は編成Aが「瀬戸」、編成Bが「出雲」となって西へ向かう

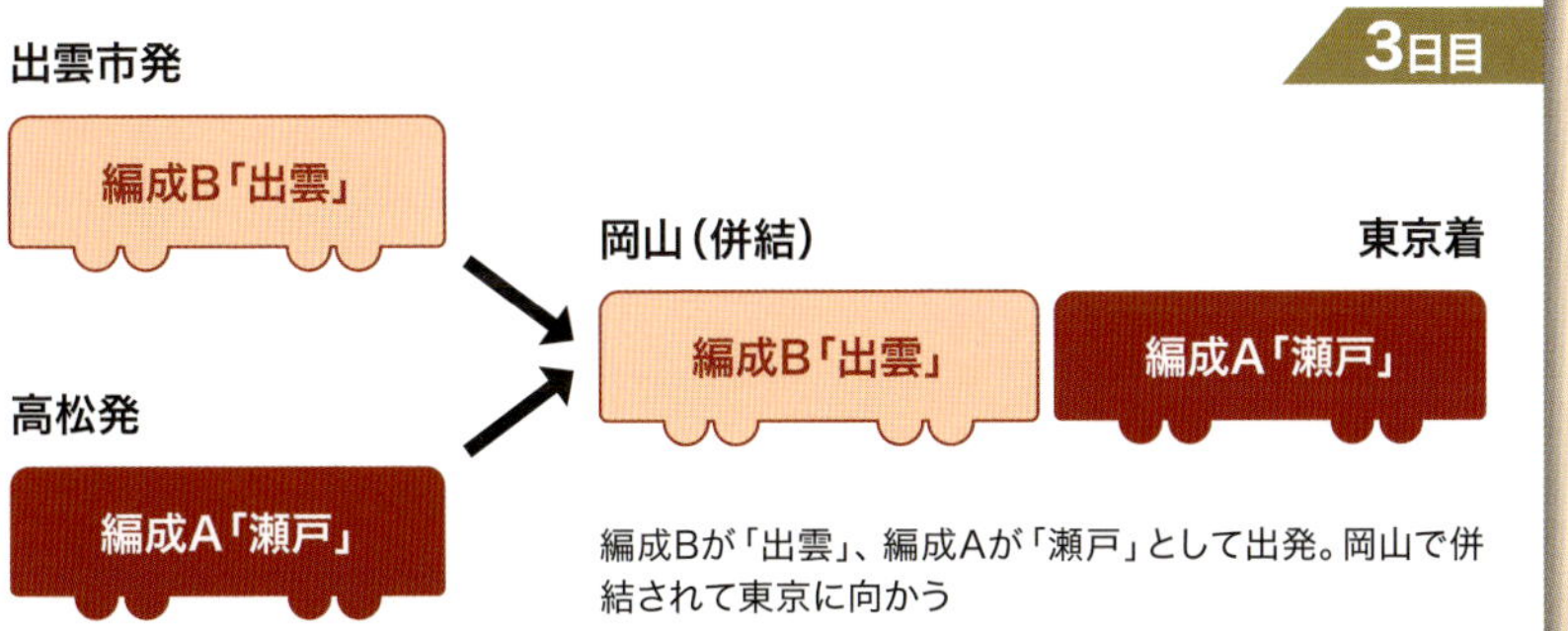

編成Bが「出雲」、編成Aが「瀬戸」として出発。岡山で併結されて東京に向かう

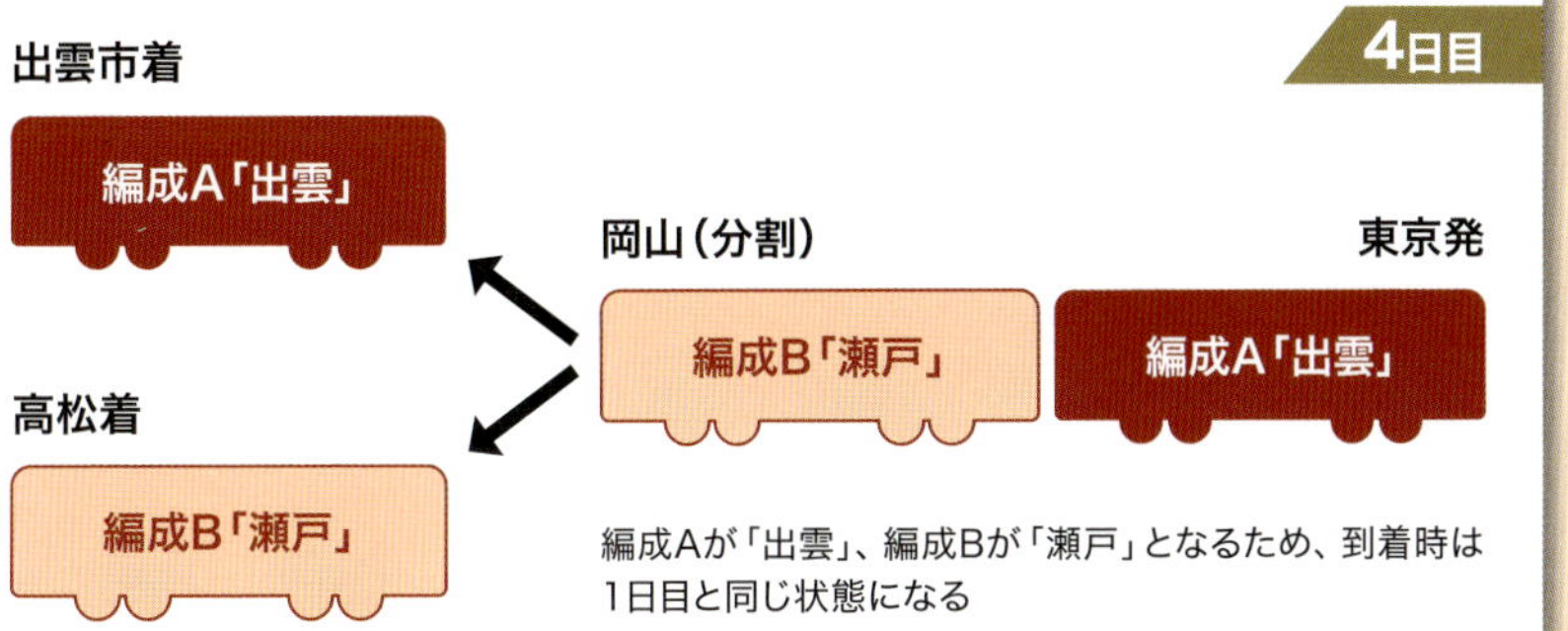

編成Aが「出雲」、編成Bが「瀬戸」となるため、到着時は1日目と同じ状態になる

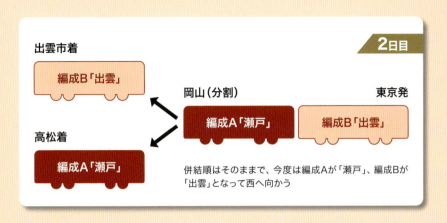

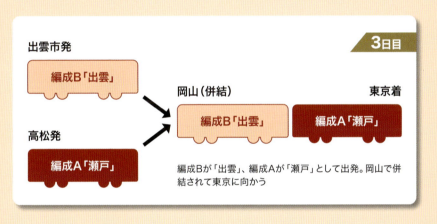

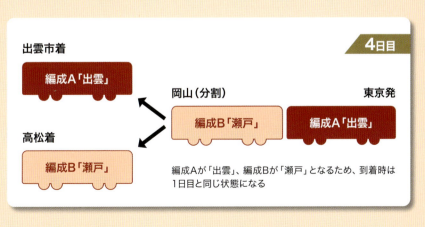

サンライズエクスプレス

裏ワザ的な使い方

寝台特急といっても、始発から終点まで乗り続ける必要はなく、
乗り換え、乗り継ぎをうまく使うと、
深夜の移動＋αで時間をより有効に活用できる。
「サンライズエクスプレス」の魅力は工夫次第で大きく広がるのだ。

文／植村 誠

東京発・岡山乗り換えでさらに西を目指す 1

岡山から山陽新幹線「みずほ601号」に乗り継いだ場合、博多には8時28分、鹿児島中央には9時46分に到達できる。対航空で比較すると、羽田発の早朝便には適わないものの、空港アクセスなどを考慮すれば十分に対抗可能なダイヤだ。広島や小倉などでも同様の利便性を兼ね備えている。

285系の先輩格である581・583系寝台電車は、東海道新幹線との大阪乗り継ぎ夜行として活躍したが、乗り継ぎ駅は違えど「サンライズ」でもその伝統を受け継いでいるといえるだろう。

「サンライズ」＋山陽新幹線

東京発	21:50	サンライズ瀬戸・出雲
岡山着	6:27	↓
岡山発	6:51	みずほ601号
博多着	8:28	↓
鹿児島中央着	9:46	↓

早朝に羽田空港に行けない人でも、山陽新幹線との組み合わせにより翌朝に九州入りできる

競合航空便 福岡行きの場合

便名	羽田発	福岡着
ANA239	6:20	8:15
SKY001	6:20	8:20
JAL303	6:30	8:20
SFJ41	6:35	8:30
SFJ55 SKY027	20:00	21:55 (最終便)

鹿児島行きの場合

便名	羽田発	鹿児島着
JAL641	6:25	8:15
ANA619	6:45	8:40
SKY301	6:30	9:25
JAL655	19:30	21:10 (最終便)

※2024年夏ダイヤ

大阪発・1日をたっぷり過ごし朝の東京へ

2

時間帯の関係で下りでは通過してしまうが、上り「サンライズ」では三ノ宮と大阪にも停車し、関西～首都圏間唯一の夜行列車としての存在感を発揮している。

三ノ宮0時11分発、大阪0時33分発と深夜帯ではあるものの、前日を存分に過ごしてから悠々と間に合い、東京へは7時08分と1日のはじまりとしては好適な時刻に着けることから、新幹線が休止する夜のチャンネルとして根強い人気を保っている。

関西圏から東京地区へのビジネスや観光利用はもちろん、首都圏から関西方面への旅行ののち、個室寝台でゆったりと身体を休めそのまま出勤することも可能。まさに夜行列車の面目躍如といったところではないだろうか。

出雲市発・昼行最終特急として活用

3

「サンライズ出雲」は伯備線内では特急「やくも」の補完的役割も担っている。「ノビノビ座席」が普通車指定席として連結されており、下りは「やくも1号」に先行し、上りでは「やくも30号」後の最終特急として設定されている。

岡山では「ひかり592号」に接続し、新大阪には23時32分に到着。大阪環状線や野洲行き普通列車と新快速などの最終への接続が可能なダイヤになっているため、利用のメリットは十分にある。もちろん、三ノ宮や大阪で下車するという使い方も「サンライズ」ならでは。

「サンライズ出雲」＋山陽新幹線

出雲市発	18:57	サンライズ出雲
岡山着	22:32	↓
岡山発	22:41	ひかり592号
新神戸着	23:18	↓
新大阪着	23:32	↓

伯備線を走る陰陽連絡特急「やくも」。これを追う列車として利用できる

サンライズエクスプレス

ヒストリー

華やかなりしブルートレイン時代を駆け抜けた「出雲」「瀬戸」が
サンライズ化されてからはやくも23年。今や、唯一の寝台特急となった
「サンライズ瀬戸・出雲」の歴史を振り返ってみよう。

サンライズ瀬戸 ヒストリー

かつて宇高連絡船と接続していた「瀬戸」は瀬戸大橋開業により
高松まで直通運転となり、やがて「サンライズ」として生まれ変わる。

「サンライズ瀬戸・出雲」年表

年 月	おもなできごと
1972年3月	急行「瀬戸」・「出雲」を20系客車化により特急に格上げ
1988年4月	(瀬戸) 瀬戸大橋開業により運転区間を東京～高松間に延長
1998年7月	「瀬戸」「出雲2・3号」の置き換えで285系「サンライズ瀬戸」「サンライズ出雲」デビュー。東京～岡山間の併結運転開始。
1999年7月	(瀬戸)高松～松山間の延長運転開始(運転日限定)
2006年3月	寝台特急「出雲」廃止。陰陽連絡救済措置として上郡に停車。「スーパーいなば」と接続開始(2010年に上郡停車廃止)
2014年3月	車両リニューアル開始(パンタグラフ増設や室内更新など)
2014年9月	(瀬戸) 高松～琴平間延長運転開始(運転日限定)
2015年3月	シャワーカード販売機導入。車掌の会社間越境業務を廃止

東京と四国を宇高連絡船接続で結ぶ東京～宇野間の急行列車がルーツ。1951(昭和26)年に「せと」と命名(56年に「瀬戸」と改称)され、72(同47)年3月には20系充当とともに、特急に格上げとなった。特急格上げの直前には、落成したての14系寝台車が試用されて注目を集めた。

88(同63)年に瀬戸大橋が開業すると、宇高連絡線接続から高松までの直通運転に変更され、東京と四国の連絡特急としての役割を確固たるものにした。98(平成10)年には285系化され、寝台特急が次々と姿を消す中で、孤高の存在となっている。

HISTORY OF
SUNRISE
SETO

寝台特急「瀬戸」時刻表

1972年
東京～宇野

上り		駅	下り	
725	着	東京	1925	発
657	着	横浜	1951	発
554	発	熱海	2056	発
453	発	静岡	2159	発
⌝		名古屋	022	発
2358	発	大阪	レ	発
2248	発	姫路	405	発
2144	発	岡山	530	発
2105	発	宇野	612	着

1993年
東京～宇野

上り		駅	下り	
712	着	東京	2100	発
646	着	横浜	2124	発
543	着	熱海	2226	発
513	着	富士	2257	発
445	着	静岡	2325	発
⌝		浜松	024	発
005	発	大阪	レ	
2338	発	三ノ宮	レ	
2251	発	姫路	521	発
2144	発	岡山	630	発
2119	発	児島	654	発
2057	発	坂出	714	着
2037	発	高松	735	着

EF65形1000番台が牽引していたブルートレイン時代の「瀬戸」

サンライズ出雲 ヒストリー

東京から山陰へと走るブルートレインとして活躍した寝台特急「出雲」。「出雲」は東海道を走る最後のEF65形電気機関車として活躍した。

長旅を終え東京駅10番線ホームに滑り込むEF65「出雲」（撮影／児島眞雄）

オレンジ色の大型箱型ボディが特徴のDD54形。赤いヘッドマークを付けて浜田駅に停車する。DD54形はわずか2年で寝台特急「出雲」から外され、その後、廃止まではDD51形が活躍した（撮影／RGG）

「サンライズ出雲」のルーツは、1928（昭和3）年から運行を開始した大阪～米子・浜田間を結ぶ準急列車「出雲」で、山陰初の速達列車だった。35（同10）年に急行に格上げし、出雲今市（現・出雲市）から大社線に直通し、大阪～大社間を結んだ。

72（同47）年にようやく特急へと昇格、20系客車となりブルートレインの仲間入りを果たす。当時は東京～京都間をEF65形がけん引、京都で付け替えを行い、DD54けん引で山陰本線を運行していた。

78（同53）年に特急「いなば」（東京～米子）が出雲市発着となり「出雲」として統合。98（平成10）年7月、「出雲2・3号」に置き換わる形で285系「サンライズ出雲」が伯備線経由でデビュー。2006（同18）年、最後のEF65形東海道ブルートレインとして活躍した「出雲」が廃止された。

2006（平成18）年の廃止まで「出雲」をけん引したDD51形

HISTORY OF
SUNRISE
IZUMO

寝台列車「出雲」時刻表

1972年
東京〜浜田

上り		着	下り	
700	着	東京	1820	発
634	着	横浜	1844	発
529	発	熱海	1949	発
510	発	沼津	2008	発
ᄀ		浜松	2149	発
ᄀ		名古屋	2315	発
010	発	京都	レ	
2238	発	綾部	レ	
2224	発	福知山	255	発
2120	発	豊岡	358	発
2108	発	城崎	409	発
2023	発	浜坂	454	発
1947	発	鳥取	534	発
1903	発	倉吉	615	発
1810	発	米子	710	発
1735	発	松江	745	発
1700	発	出雲市	821	発
1616	発	大田市	901	発
1537	発	江津	939	発
1515	発	浜田	1000	着

2006年
東京〜出雲市

上り		着	下り	
657	着	東京	2110	発
634	発	横浜	2135	発
532	発	熱海	2241	発
513	発	沼津	2259	発
433	発	静岡	2340	発
ᄀ		浜松	036	発
035	発	京都	347	発
2310	発	綾部	509	発
2257	発	福知山	522	発
2156	発	豊岡	622	発
2144	発	城崎温泉	633	発
2119	発	香住	700	発
2059	発	浜坂	722	発
2024	発	鳥取	807	発
1946	発	倉吉	843	発
1904	発	米子	947	発
1841	発	安来	956	発
1821	発	松江	1022	発
1754	発	宍道	1039	発
1739	発	出雲市	1054	着

「出雲」スピード比較

1972年
寝台特急「出雲」

東京〜浜田（山陰本線経由）	
運行距離	988.5km
所要時間	下り15時間40分
	上り15時間45分
表定速度	下り時速63.1km
	上り時速62.8km

2006年
寝台特急「出雲」

東京〜出雲市（山陰本線経由）	
運行距離	898.2km
所要時間	下り13時間44分
	上り13時間18分
表定速度	下り時速65.4km
	上り時速67.5km

2024年
寝台特急「サンライズ出雲」

東京〜出雲市（伯備線経由）	
運行距離	953.6km
所要時間	下り12時間10分
	上り12時間11分
表定速度	下り時速78.4km
	上り時速78.3km

ブックデザイン
小林幸恵（エルグ）

編集
近江秀佳

校閲
木村嘉男

本書は、株式会社天夢人が 2022 年 3 月 19 日に刊行した旅鉄 BOOKS056
『寝台特急「サンライズ瀬戸・出雲」の旅』を再編集したものです。

旅鉄BOOKS PLUS 001

寝台特急「サンライズ瀬戸・出雲」の旅

2024 年 9 月 20 日　初版第 1 刷発行

編　者　旅鉄 BOOKS 編集部
発行人　山手章弘
発　行　イカロス出版株式会社
〒 101-0051 東京都千代田区神田神保町 1-105
contact@ikaros.jp (内容に関するお問合せ)
sales@ikaros.co.jp (乱丁・落丁、書店・取次様からのお問合せ)

印刷・製本　日経印刷株式会社

ISBN978-4-8022-1494-0